DIE RHEUMA-REVOLUTION

DIE RHEUMA-REVOLUTION

Neue Hilfen
gegen den Schmerz und beim
Aufbau der Gelenke

Titan
VERLAG

Herausgegeber: Titan Verlag GmbH
Printed in Germany

ISBN-Nr.: 3-931294-08-0

INHALT

Zu diesem Buch

Die Volkskrankheit Rheuma ist für viele Betroffene mit großem Leiden verbunden. Rheuma äußert sich fast immer in starken Schmerzen und zunehmenden Bewegungseinschränkungen. Dazu kommt die psychische Belastung einer schweren Erkrankung. Und wer sich nicht richtig bewegen kann und eine sichtbare Behinderung hat, wird von der Gesellschaft schnell ausgegrenzt.

Trotz intensiver Forschung ist es der Medizin jedoch bis heute nicht gelungen, ein Heilmittel gegen Rheuma zu entwickeln. Zu wenig ist bislang über die genauen Ursachen bekannt. Eine weitere Schwierigkeit bei der Behandlung liegt darin, daß die bestehenden Medikamente zum größten Teil mit schweren Nebenwirkungen verbunden sind oder bei manchen Patienten gar nicht erst ansprechen.

Allerdings gibt es immer mehr Beweise dafür, daß die Ernährung - wie bei anderen Zivilisationskrankheiten - auch bei Rheuma eine große Rolle spielt. Das beste Beispiel dafür ist die Gicht, die nachweislich durch falsche Ernährungsgewohnheiten mit viel Fleisch und Innereien ausgelöst wird und fast immer nach einem üppigen Essen erstmalig auftritt.

Eine gut ausgewogene Ernährung kann vor vielen Krankheiten schützen. Gleichzeitig wird es jedoch immer schwieriger, sich wirklich gesund zu ernähren. Chemische Behandlungen und eine zunehmende Zahl von Umweltgiften belasten unseren Körper. Für den Rheumatiker gilt dies erst recht: Durch seine Krankheit kämpft der Körper ohnehin schon mit einer Vielzahl von Giften und entzündlichen Stoffen. Damit das Immunsystem wieder richtig arbeiten kann, benötigt er deshalb große Mengen bestimmter Vitamine und Biostoffe, deren Bedarf er aus der Nahrung allein gar nicht decken kann.

Hier leisten Nahrungsergänzungsmittel wie Lyco Rheum einen großen Dienst. Dieses Präparat enthält alle Nährstoffe, die dem Rheumatiker nachweislich beim Kampf gegen seine Erkrankung helfen: Die Kombination von Antioxidantien wie Vitamin C, Vitamin E und Selen sowie viele wertvolle Bioflavonoide schützen die Zellen, hemmen die Entzündungen und lindern die Schmerzen.

Ein ganz besonderer Wirkstoff ist das Lycopin, ein natürliches Antioxidans, das auch der Tomate seine leuchtend rote Farbe verleiht. Lykopin gehört zu den größten Neuentdeckungen auf dem Gebiet der Biostoff-Forschung. So verringert es nicht nur das Risiko für bestimmte Krebsarten, der Wirkstoff schützt auch bei Rheumatikern die Zellen von krankhaften Veränderungen und Entzündungen. Es ist daher eine besonders wirksame Hilfe, wenn ein neuer Schub oder eine Verschlimmerung des Leidens droht. Selbst der Rheumagefährdete kann mit Lyco Rheum gezielt sein Risiko reduzieren und einer späteren Erkrankung vorbeugen - und das ganz einfach und völlig risikofrei. Lyco Rheum ist ab sofort in allen Apotheken und im Versand erhältlich.

RHEUMA

Krankheit mit vielen Gesichtern

Schon die alten Griechen kannten Rheuma. Sie bezeichneten die Erkrankung recht treffend als den „fließenden Schmerz". Damals hielt man krankmachende Dämonen für die Ursache der ziehenden und manchmal unerträglichen Schmerzen. Das glaubt zwar heute keiner mehr, doch noch immer sind die Ursachen für Rheuma nicht vollkommen geklärt.

Dabei ist Rheuma eine Volkskrankheit. Nach Angaben der Deutschen Rheuma-Liga sind hierzulande etwa vier Millionen Menschen betroffen; davon benötigen drei Millionen dauerhaft medizinische Behandlung. Rheuma ist damit auch die teuerste Krankheit der Welt: Schätzungen gehen von 1 Milliarde Mark Kosten pro Jahr aus. Jeder Dritte erkrankt irgendwann in seinem Leben an Rheuma - nervlich bedingte Schmerzen wie Ischias nicht mit einbezogen.

Rheuma ist jedoch nicht gleich Rheuma: Der Begriff kennzeichnet keine bestimmte Krankheit, sondert steht als Sammelbegriff für rund 450 Erscheinungsformen des rheumatischen Formenkreises. Was Ursachen, Krankheitsbild und Therapie betrifft, sind sich diese zum Teil sehr ähnlich, aber auch ganz verschieden. So kann

Rheuma selten oder häufig, schubweise, akut oder chronisch auftreten. Eine deutliche Trennung der verschiedenen Krankheitsbilder ist auch deshalb so schwierig, weil sie nacheinander oder gleichzeitig vorkommen können. Das ist nicht zuletzt ein großes Problem bei der Diagnosestellung

Gemeinsam sind den verschiedenen rheumatischen Erkrankungen jedoch die Schmerzen im Bewegungs- und Stützapparat, also in Gelenken, Knochen, Muskeln, Nerven, Sehnen und Bändern. Außerdem ist die Krankheit fast immer mit einer zunehmenden Einschränkung der Beweglichkeit verbunden.

Rheuma trifft nicht nur ältere Menschen, sondern auch Kinder. Wenn Kinder oder junge Erwachsene an Rheuma erkranken, handelt es sich in der Regel um schwere Verlaufsformen (teilweise mit Organbeteiligung), die mit starkem Leiden verbunden sind. Bei ihnen wie auch bei allen anderen Betroffenen ist es wichtig, Warnsignale rechtzeitig ernst zu nehmen und die Erkrankung möglichst frühzeitig zu erkennen und zu behandeln.

Trotz der Vielzahl der rheumatischen Erscheinungsformen gibt es einige Gemeinsamkeiten. Rheumatologen unterscheiden vier Hauptgruppen:

1. entzündliche Rheuma-Erkrankungen
2. degenerative (verschleißbedingte) Rheuma-Erkrankungen
3. Weichteilrheumatismus
4. Gicht

Entzündliche Rheuma-Erkrankungen

Rheumatoide Arthritis

(chronische Polyarthritis)

Bechterew'sche Krankheit

Juvenile Arthritis

Psoriasis-Arthritis

Rheumatoide Arthritis (chronische Polyarthritis)

Mögliche Symptome:

- Müdigkeit
- Appetitlosigkeit
- Gewichtsverlust
- Morgensteifigkeit
- Gelenkschmerzen
- Gelenkschwellungen

Die rheumatoide Arthritis - meist chronische Polyarthritis genannt - gehört zu den häufig auftretenden entzündlichen Rheumaformen: Etwa eine Million Menschen sind davon hierzulande betroffen. Die Bezeichnung „Polyarthritis" bedeutet so viel wie „Entzündung vieler Gelenke". Da es sich um eine chronische Erkrankung handelt, heilt sie nie ganz aus.

Die chronische Polyarthritis beginnt zumeist schleichend und kann sich auch in ganz unspezifischen Symptomen wie Müdigkeit oder allgemeinem Unwohlsein äußern. Typische Anzeichen sind morgendliche Steifheit, Bewegungs- und Druckschmerzen, Schwellungen an Hand-, Finger-, Fuß- oder Zehengelenken.

Die Beschwerden treten zunächst häufig nur an einem oder wenigen Gelenken auf. Nachts und am frühen Morgen sind sie am stärksten, lassen aber im Laufe des Tages meist nach. Mit der Zeit werden die Beschwerden schlimmer, und die Bewegung ist nur noch mühsam möglich. In Armen, Beinen oder der Halswirbelsäule treten immer häufiger schubartige, reißende Schmerzen auf - von beschwerdefreien kurzen Phasen einmal abgesehen. Für die Betroffenen ist das eine große Belastung.

Die rheumatoide Arthritis ist keine Alterserscheinung, sie kann auch schon junge Menschen treffen. Die meisten erkranken zwischen dem 25. und dem 50. Lebensjahr, wobei das Risiko mit zunehmendem Alter steigt. Frauen sind häufiger betroffen als Männer - warum, ist noch unklar. Auch wenn die Rheuma-Form in manchen Familien gehäuft auftritt, gilt sie nicht als Erbkrankheit.

Die genauen Ursachen der Polyarthritis sind noch nicht geklärt. Aus dem Schußfeld geraten sind inzwischen bestimmte Krankheitserreger. Entzündete Mandeln oder Zähne können zwar den Anstoß für die entzündlichen Prozesse geben, scheiden aber - im Gegensatz zum rheumatischen Fieber - als direkte Ursache für die rheumatoide Arthritis aus.

Vielmehr konzentrieren sich die Forschungsergebnisse auf das Immunsystem. So gehen Experten seit neuerem davon aus, daß es sich bei dieser Rheuma-Form um eine sogenannte Autoimmunerkrankung handelt. Hierbei liegt eine fehlgeleitete Abwehrreaktion vor, die sich gegen den eigenen Körper richtet. Man vermutet, daß bestimmte weiße Blutkörperchen, sogenannte T-Zellen, die Zellen der Gelenkinnenhaut fälschlicherweise für körperfremd halten, diese angreifen und zerstören. Infolge dieser Abwehrreaktion kommt es zu einer Entzündung, und die Gelenkinnenhaut sondert zu viel Flüssigkeit ab, was erhebliche Schmerzen verursacht. Im weiteren Verlauf der Erkrankung werden andere

Immunzellen aktiviert, die den Prozeß aufrechterhalten und fördern. Schließlich kann die Entzündung auch auf Knorpel, Knochen, Bänder und Gelenke übergehen.

Das Tückische an der Entzündung ist, daß sie nicht nur zerstörerische Eigenschaften besitzt, sondern auch Wucherungen auslöst. Diese entstehen dadurch, daß neben der Gelenkinnenhaut und dem Knorpel auch die nunmehr freiliegende Knochenoberfläche attackiert wird. Der Körper reagiert darauf ähnlich wie nach einem Knochenbruch mit Produktion neuer Substanz - nur zu stark. Wucherungen und Gelenkversteifungen sind die Folge.

Bei einer Polyarthritis sind nicht alle Gelenke gleich stark befallen: Die Entzündung beginnt oft an den Grund- und Mittelgelenken der Hände oder den Zehengrundgelenken und erfaßt nach und nach symmetrisch (d. h. auf beiden Körperhälften gleichzeitig) weitere Gelenke. Manchmal kommt die Erkrankung auch plötzlich zum Stillstand. Bei 10 bis 20 Prozent der Patienten sind die Beschwerden jedoch so schlimm, daß Invalidität droht.

Hinweis:

Gelenkentzündungen können in selteneren Fällen akut auftreten. So können sich Gelenke auch durch das Eindringen von Bakterien nach einer Punktion (Entnahme von Gewebsflüssigkeit), Operation oder Verletzung entzünden. Auch nach Infektionskrankheiten wie Mandelentzündung oder Scharlach kann es 1 bis 3 Wochen später zu

einer Entzündung der Gelenke kommen. Eine weitere Ursache für Gelenkbeschwerden ist die Lyme-Borreliose, eine Infektionskrankheit, die durch ein Bakterium infolge eines Zeckenbisses verursacht wird. Eine frühzeitige Diagnose ist hier aber nur schwer möglich, weil mögliche Symptome hier erst 4 - 6 Monate später auftreten.
Bei unklaren Gelenkschmerzen, plötzlichen Haut- oder Drüsenveränderungen deshalb immer den Arzt aufsuchen, um die genauen Ursachen abzuklären!

Bechterew'sche Krankheit

Mögliche Symptome:

- Rückenschmerzen
- starke Beschwerden in den frühen Morgenstunden
- Schmerzen über dem Sitz- oder Fersenbein
- Probleme beim tiefen Atmen
- zunehmende Versteifung der Wirbelsäule

Diese Rheuma-Form ist nach dem russischen Arzt Wladimir Michailowitsch von Bechterew benannt, der die Erkrankung zwar nicht selbst entdeckt, aber Anfang dieses Jahrhunderts ausführlich beschrieben hat. Man spricht deshalb auch von Morbus Bechterew, wobei „morbus" Krankheit bedeutet. Der Fachausdruck lautet Spondylitis ankylosans (spondylus = Wirbel).

Die Bechterew'sche Krankheit ist eine chronisch-entzündliche Erkrankung der Wirbelsäule. Zu den Symptomen gehören tiefsitzende Rückenschmerzen, die häufig in den frühen Morgenstunden so stark werden, daß der Betroffene aufstehen muß. Bei Bewegung lassen die Beschwerden fast immer nach. Da die Schmerzen in die Beine ausstrahlen, wird Morbus Bechterew zu Beginn nicht selten mit Ischias verwechselt. Außerdem können zusätzlich Atembeschwerden autreten, die sich wie Herzschmerzen äußern.

Warum es zu einer Entzündung der Wirbelkörper und des Kreuzbeins kommt, liegt noch weitgehend im Dunkeln. Man vermutet hier ebenfalls einen Defekt im Immunsystem. Als gesichert gilt, daß hierbei ein bestimmtes Erbmerkmal mit dem Namen HLA-B27 der entscheidende Faktor ist. Allerdings wird nicht die Erkrankung selbst, sondern lediglich die Anlage dazu vererbt. Früher nahm man an, daß vor allem Männer an Morbus Bechterew erkranken. Das hat sich als unrichtig herausgestellt. Tatsache ist, daß Männer als auch Frauen etwa gleich häufig betroffen sind - meist im Alter von 15 bis 45 Jahren.

Die Entzündung und die nachfolgende Zerstörung von Gelenkknorpel und Gelenkkapsel bewirken, daß die Wirbel direkt zusammenwachsen. Häufig sind gleichzeitig auch die Hüft- und Schultergelenke betroffen. Mit fortschreitender Erkrankung versteifen sich schließlich Wirbelsäule und Brustkorb. Dadurch wird der Betroffene nicht nur zu einer gebückten Haltung gezwungen. In der Folge ist auch die Atmung stark behindert.

Juvenile Arthritis

Mögliche Symptome:

- geschwollene, schmerzende Gelenke
- Morgensteifigkeit
- Schonhaltungen
- auffällige Blässe
- entzündete Augen
- Fieber
- Unwohlsein

Unter diesem Begriff werden alle entzündlichen Rheuma-Formen zusammengefaßt, die Kinder und Jugendliche vor dem 16. Lebensjahr betreffen und länger als 3 Monate anhalten. Das akute Gelenkrheuma - auch als rheumatisches Fieber bekannt - ist heutzutage eher selten. Fast immer leiden Kinder unter einer chronischen Gelenkentzündung, die wegen ihrer Besonderheit gegenüber dem Erwachsenenalter als „juvenile chronische Arthritis“ bezeichnet wird. Kindliches Rheuma ist meist nur schwer zu diagnostizieren, zumal es viele verschiedene Erscheinungsformen gibt.

Zu der schwersten polyarthritischen Form bei Kindern zählt das Still-Syndrom (systemische juvenile chronische Arthritis). Es beginnt bereits beim Kleinkind, das durch die Erkrankung unter schmerzhaften Gelenkschmerzen und hohem Fieber leidet. Lymphknotenvergrößungen sowie Leber- und Milzschwellungen sind weitere Anzeichen, ebenso Hautausschläge. Gefährlich ist diese kindliche Rheuma-Form deshalb, weil Herzbeutel und Herzmuskel mit betroffen sein können. Eine Begleiterscheinung ist auch das verminderte Wachstum der Kinder.

Eine weitere häufige Form ist die seronegative Polyarthritis. Hier kann die Entzündung im Blut nicht nachgewiesen werden (seronegativ). Die Erkrankung, die in jedem Alter auftreten kann, äußert sich zuerst meist schleichend mit leichtem Fieber; später kommen weitere Beschwerden hinzu.

Bei Kindern, die an Rheuma erkranken, kommt es bei 10 bis 20 Prozent zu einer Entzündung der Augenvorderkammer (Iridozyklitis). Problematisch ist dies deshalb, weil die Betroffenen keinerlei Beschwerden haben und äußere Entzündungszeichen fehlen. Da die Entzündung zu einer Einschränkung der Sehfähigkeit führen kann, sind frühzeitige und regelmäßige Augenuntersuchungen bei betroffenen Kindern besonders wichtig.

Psoriasis-Arthritis

Mögliche Symptome:

- Schuppenflechte
- gleichmäßige Gelenkschwellungen, die alle Gelenke betreffen (z. B. gesamter Finger)
- Schmerzen an den Sehnenansätzen

Zu den häufigen Gelenkentzündungen gehören auch solche, die gemeinsam mit einer Schuppenflechte (Psoriasis) auftreten. Die Schuppenflechte selbst äußert sich zunächst durch flechtenartige, schuppige Hautentzündungen. Bei bis zu jedem Zehnten kommt es darüber hinaus zu einer Entzündung der Gelenke, die als eigenständige Erkrankung gilt. Besonders bei Patienten, bei denen die Fingernägel von der Schuppenflechte betroffen sind, kommt es oft zusätzlich zu einer Arthritis. Typisch ist die Entzündung der Fingermittel- und Fingerendgelenke; grundsätzlich kann jedoch jedes Gelenk befallen sein.

Eine weitere Folge sind - neben der Zerstörung von Knorpel und Knochen - Wucherungen an den Knochen. Dabei weisen zudem die Weichteile der Finger gleichmäßige Schwellungen auf. Gleiches gilt für die Zehen.

Ein besonderes Kennzeichen der Arthritis psoriatica ist, daß alle Gelenke nur eines Fingers oder eine Zehe betroffen sind - man spricht hierbei von einem „Befall im Strahl".

Da sogenannte Rheumafaktoren im Blut nicht nachweisbar sind, ist die Diagnose teilweise sehr schwierig und die Krankheit unberechenbar. Häufig besteht die Schwierigkeit darin, die Erkrankung von der chronischen Polyarthritis abzugrenzen.

Degenerative Rheuma-Erkrankungen

Arthrose

Mögliche Symptome:

- Beschwerden bei Bewegungsbeginn
- Spannungsgefühl im Gelenk
- Belastungsschmerz
- Bewegungseinschränkung
- Knirschen der Gelenke
- Muskel- und Sehnenverspannung

Hierunter fallen die Rheuma-Erkankungen, die durch Verschleiß- oder Abbauerscheinungen der Knorpelmasse entstehen. Ursprünglich bezeichnete man mit Arthrosen allgemein Abnutzungserscheinungen. Heute gilt die Arthrose - häufig auch Osteo-Arthrose (osteo=Knochen) genannt - als eigene Krankheit.

Die Arthrose ist eine der häufigsten Erkrankungen des Bewegungsapparats. So weist bereits die Hälfte aller Menschen ab dem 35. Lebensjahr arthrotische Veränderungen der Gelenke auf. Im Alter von etwa 60 Jahren leidet jeder - mehr oder minder spürbar - unter Abnutzungserscheinungen der Gelenke.

Meist sind Hüft-, Knie- und Fingergelenke betroffen. Erstes Anzeichen kann Steifheit oder ein Spannungsgefühl nach längerer Ruhepause sein. Dieser sogenannte „Einlaufschmerz" läßt bei weiterer Bewegung nach, macht sich aber auch bei längerer Belastung wieder bemerkbar. Bei einer fortgeschrittenen Arthrose kommt es zu immer stärkeren Schmerzen in den Gelenken, die zu einer Einschränkung der Beweglichkeit führen. Die Schmerzen sind manchmal auch witterungsabhängig und treten besonders bei kaltem oder feuchtem Klima auf.

Eine Arthrose entsteht, wenn ein Ungleichgewicht zwischen Belastung und Belastbarkeit der Gelenke vorliegt. Der Verschleiß des Gelenks beginnt damit, daß der Knorpel rauh wird. Weil kein reibungsfreies Aufeinandergleiten der Gelenkflächen mehr möglich ist, wird der Belastungsdruck an den darüberliegenden Knochen weitergegeben. Die Folge ist ein allmählicher Abrieb auf der Gegenseite, dadurch bildet sich die Knorpelmasse zurück. Das beutet, der Knorpel wird regelrecht aufgebraucht.

Die frei abgeriebenen Knorpelteilchen beeinträchtigen nicht nur die Schmierfunktion der Gelenke, sondern reizen auch die Gelenkinnenhaut, so daß diese sich entzünden kann. Es wird Gelenkflüssigkeit produziert, die jedoch „minderwertig" ist und die Ernährung des Knorpels nur verschlechtert. An den Entzündungsstellen werden wiederum Enzyme freigesetzt, die den Knorpel zusätzlich abbauen und zerstören. Wird zuviel von der Gelenkflüssigkeit produziert, spricht man von einem Gelenkerguß.

Grund für eine Arthrose können mehrere Ursachen sein: Angeborene oder verletzungsbedingte Fehlstellungen, einseitige Überbelastung im Beruf oder Sport sowie Übergewicht. Im Alter kann eine Arthrose auch ohne vorangegangene Überbelastung der Gelenke entstehen, wenn sich der schützende Gelenkknorpel nicht mehr ausreichend erneuert.

Viele Arthrose-Betroffene nehmen wegen möglicher Schmerzen eine Schonhaltung ein. Dies birgt jedoch die Gefahr einer vorzeitigen Gelenkversteifung. Wichtig ist gerade bei der Arthrose regelmäßige leichte Bewegung wie Schwimmen, Radfahren oder Gymnastik (s. hierzu auch das Kap.: Rheuma und Bewegung).

Hinweis:

Für Gelenke und Knorpel werden häufig Gelatine-Präparate angeboten. Allerdings ist die Wirkung umstritten: Bislang gibt es noch keinen wissenschaftlichen Beweis für den Aufbau und die Erneuerung der Knorpelmasse durch Gelatine.

Tip:

Bei Arthrose-Beschwerden bewährt haben sich Wärmepackungen mit Fango oder Heilerde. Die Masse direkt auf die betroffenen Gelenke streichen und 1 Stunde einwirken lassen.

Risikofaktor Osteoporose

Rheumatiker sind wegen der Belastung der Knochen und Gelenke besonders gefährdet, zusätzlich an Osteoporose (Knochenschwund) zu erkranken - besonders dann, wenn sie sich körperlich wenig bewegen können oder bestimmte Medikamente wie Cortison oder Immunsuppressiva (immununterdrückende Mittel) einnehmen müssen. Wichtig ist deshalb für den Rheumatiker oder denjenigen, der gefährdet ist, sich rechtzeitig ein gutes „Knochenpolster" zuzulegen. Denn bereits mit Mitte 30 haben die Knochen ihre maximale Dichte erreicht, danach wird langsam, aber stetig Knochenmasse abgebaut. Die Folge davon ist, daß bestimmte Knochen wie die Wirbelkörper der Wirbelsäule, der Oberschenkelhals oder der Unterarm leichter brechen können. Vorbeugen kann man zum einen mit viel Bewegung und einer kalziumreichen Ernährung. So empfiehlt das Kuratorium Knochengesundheit, täglich 1200 - 1500 mg des Mineralstoffs mit der Nahrung aufzunehmen. Die besten Kalziumlieferanten sind Milch- und Milchprodukte. (1 Glas Milch, 1 Becher Joghurt und 2 Scheiben Schnittkäse enthalten bereits 1000 mg.) Wer keine Milchprodukte mag oder verträgt, kann sich auch Kalziumpräparate von seinem Arzt verschreiben lassen. Übrigens: Osteoporose ist keine reine Frauenerkrankung. Zwar sind sie wegen des sinkenden Östrogenspiegels nach den Wechseljahren besonders gefährdet, aber der Knochenschwund tritt auch bei jedem sechsten Mann über 50 Jahre auf.

Meldung:

Hohe Absätze belasten Kniegelenke

Frauen, die gerne Stöckelschuhe tragen, haben möglicherweise ein größeres Risiko, im Alter an abgenutzten und entzündeten Kniegelenken zu leiden. Ein Forscherteam in Boston untersuchte zwanzig jüngere gesunde Frauen, die jahrelang regelmäßig Schuhe mit dünnen, mindestens fünf Zentimeter hohen Absätzen getragen hatten. Dabei stellte sich heraus, daß das Gehen mit hohen Absätzen die Kniegelenke durchschnittlich um ein Viertel stärker als Barfußgehen belastet. Zurückzuführen ist dies darauf, daß die Kniee durch die hohen Schuhe ungleichmäßig belastet werden. So wird die Innenseite der Kniegelenke stärker zusammengepreßt und die Außenseite gedehnt.

Quelle: Lancet, vol. 351, 1998

Weichteilrheuma

Mögliche Symptome:

- Brennen in Sehnen, Bändern oder Schleimbeuteln
- stärker werdende Schmerzen bei Belastung
- Empfindlichkeit gegenüber Nässe, Abkühlung und Zugluft

Wie der Name bereits andeutet, sind bei dieser Rheuma-Art die Weichteile betroffen, das heißt die nichtknöchernen Anteile des Stütz- und Bewegungsapparates. Dazu gehören das Bindegewebe, Muskeln, Bänder, Sehnen, Nerven und Gefäße.

Man unterscheidet beim Weichteilrheuma zwischen entzündlichen und nicht-entzündlichen Arten, wobei die Erscheinungsformen so vielfältig sind, daß keine klare Einteilung möglich ist.

Entzündungen der Weichteile sind oft Begleiterscheinung einer Gelenk- und Wirbelsäulenentzündung. Dagegen sind die nicht-entzündlichen Formen zumeist auf Überbelastungen oder einseitige Beanspruchungen der Muskeln und Sehnen zurückzuführen. So haben die Beschwerden insbesondere durch die Verbreitung der Computerarbeit deutlich zugenommen.

Dazu gehört auch der sogenannte Tennis-Arm, der seinen Namen nicht nur der Sportart verdankt, sondern ebenfalls durch einseitige Belastung im Beruf wie Tippen, Anstreichen oder Heimwerken entstehen kann. Hierbei strahlen die Schmerzen vom Ellenbogen in den gesamten Arm aus. Zum Weichteilrheuma wird auch die Sehnenscheidenentzündung am inneren Handgelenk sowie die schmerzhafte Schultersteife gezählt, bei der die umliegenden Weichteile des Gelenks betroffen sind.

Neben den örtlich begrenzten Erscheinungsformen gibt es das Muskelrheuma (auch Fibromyalgie genannt): Hierbei schmerzt der gesamte Körper. Derzeit suchen Mediziner noch nach der konkreten Ursache. Man vermutet, daß neben der mechanischen Beanspruchung auch psychosomatische Faktoren und Streß eine große Rolle spielen.

Das Tückische: Die Beschwerden des Weichteilrheumas machen sich immer erst nach einiger Zeit bemerkbar. Typisch ist ein wiederkehrendes starkes Brennen in den betroffenen Sehnen, Bändern oder Schleimbeuteln, das bei bestimmten Bewegungen immer stärker wird. Eine besondere Rolle spielen dabei vermutlich auch Trigger-Punkte, besonders empfindliche Stellen der Muskulatur, die bei Fehlbelastungen Schmerzen auslösen können.

Weichteilrheuma führt im Gegensatz zu Erkrankungen der Gelenke und der Wirbelsäule zwar nicht zu einer Verkrüppelung, kann aber außerordentlich schmerzhaft sein. In vielen Fällen ist die Arbeitsfähigkeit der Betroffenen stark eingeschränkt.

Gicht

Mögliche Symptome:

- heftige Schmerzen in der Nacht oder am frühen Morgen, die tage- oder wochenlang anhalten
- meist auf ein Gelenk (Zehen-, Sprung-, Knie, Hand- oder Ellbogengelenk) beschränkt
- Anfall nach einer üppigen Mahlzeit, Fleischverzehr oder Alkoholkonsum
- Schwellungen, Verfärbungen und Hitzegefühl des Gelenks

Die Gicht (Arthritis urica) ist im eigentlichen Sinne eine Stoffwechselerkrankung und die einzige Rheuma-Form, deren Ursachen genau bekannt sind. Sie entsteht, wenn die Nieren die im Körper durch bestimmte Zellsubstanzen (Purine) gebildete Harnsäure nicht genügend ausscheiden können oder zuviel davon produzieren. Die Harnsäure kristallisiert und lagert sich schließlich an Gelenken, unter der Haut und im Knorpel ab. Dabei spielen erbliche Faktoren eine Rolle, aber auch Begleiterkrankungen wie Nierenfunktionsstörungen oder Bluterkrankungen. Häufigste Ursache sind falsche Ernährungsgewohnheiten. So kann hoher Fleisch- und Innereienkonsum und der Verzehr von Alkohol Gichtanfälle begünstigen. Der erste Gichtanfall tritt fast immer nach einer üppigen Mahlzeit oder Alkoholkonsum auf.

Besonders betroffen sind die Gelenke im Zehenbereich (vor allem der Ballen), aber auch das Sprunggelenk, die Knie- und Handgelenke sowie der Ellbogen. Die Schmerzen ähneln denen der Arthritis. Gichtanfälle können tage- oder wochenlang anhalten und treten meist nachts oder am frühen Morgen auf: Das betroffene Gelenk schwillt an, wird rot, heiß und druckempfindlich und schmerzt plötzlich heftig.

Zwar lassen die Anfälle oft bei Behandlung wieder nach, doch bei manchen Betroffenen wird die Gicht chronisch, auch ohne weitere Anfälle.

Dauert die Entzündung an, werden die Gelenke allmählich zerstört. Gichtpatienten sind nicht selten auch an den verformten Gelenken zu erkennen - eine zusätzliche psychische Belastung.

Zu den möglichen Spätfolgen der Gicht gehören wegen der Ablagerungen der Harnsalze Nierensteine und andere Schädigungen des Organs, Bluthochdruck und Arteriosklerose. Gichtpatienten sollten deshalb immer auch auf ihre Cholesterin-Werte achten. Dies gilt besonders für Männer: Sie erkranken statistisch gesehen zwanzig mal häufiger daran als Frauen, vor allem im Alter von 30 bis 50 Jahren.

Tip:

Bei einem Gichtanfall kann ein kalter Umschlag als Erstmaßnahme Linderung verschaffen. Oder: Mehrmals am Tag das betroffene Gelenk unter kaltes Wasser halten. Zusätzlich kann ein Heublumenbad Linderung bringen.

Neben den beschriebenen Formen gibt es auch noch eine Reihe weiterer rheumatischer Erkrankungen. Diese kommen jedoch verhältnismäßig selten vor, so daß an dieser Stelle nur einige Beispiele genannt werden:

- **Infektiöse Arthritis** - Infektion der Gelenkhöhle
- **Lupus erythematodes** - Autoimmunerkrankung, bei der zahlreiche Organe mitbeteiligt sind
- **Reaktive Arthritis** - Gelenkentzündung infolge einer bakteriellen Infektion
- **Polymyalgia rheumatica** - Muskelerkrankung des Schultergürtels, des Nackens oder des Beckengürtels mit erhöhter Blutsenkungsgeschwindigkeit
- **Sklerodermie** - Erkrankung mit Verdickung und Verhärtung von Haut und Organen
- **Vaskulitis** - Entzündungen im Bereich der feinsten arteriellen und venösen Blutgefäße

TEST

Bin ich ein Rheuma-Typ?

Wer wissen möchte, ob er bereits Anzeichen für eine rheumatische Erkrankung aufweist, kann sein persönliches Risiko mit dem folgendem Test ermitteln. Je eher Sie wissen, ob Sie rheumagefährdet sind, desto eher können Sie aktiv etwas dagegen unternehmen. Bei Rheuma ist eine frühzeitige Diagnose und konsequente Therapie besonders wichtig.

Bitte beachten Sie jedoch: Da sich der Test auf allgemeine Risikofaktoren und die häufigsten Rheuma-Formen konzentriert, kann er eine genaue Diagnose des Arztes nicht ersetzen.

Bei manchen Fragen können mehrere Antworten angekreuzt werden. Sollte nichts zutreffen, bitte auch nichts ankreuzen.

1. Üben Sie einen der folgenden Berufe aus?

Büroangestellte/r	A ☐
Fliesenleger, Steinmetz	B ☐
Hausfrau	C ☐
Bergmann, Dachdecker	D ☐

2. Betreiben Sie eine oder mehrere der folgenden Sportarten?

Tennis, Squash, Weit- oder Hochsprung **A** ☐

Rückenschwimmen, Radfahren, Volleyball **B** ☐

3. Wie steht es mit Ihrem Gewicht?

Ich habe Normalgewicht. **A** ☐

Ich wiege mehr als 15 Prozent über dem Normalgewicht. **B** ☐

Ich wiege mehr als 15 Prozent unter dem Normalgewicht. **C** ☐

4. Eine ehrliche Antwort zu Ihrer Ernährung:

Ich liebe Süßigkeiten. **A** ☐

Ich esse oft Vollkornbrot, Müsli und Milchprodukte. **B** ☐

Fleisch und Wurst stehen bei mir häufig auf dem Tisch. **C** ☐

5. Und wie steht es mit Genußmitteln?

Ich trinke gern Kaffee. **A** ☐

Ich möchte auf Bier und Wein nicht gerne verzichten. **B** ☐

Ich bin Raucher. **C** ☐

6. Leiden Sie unter ...

... Wetterfühligkeit? A ☐

... Bluthochdruck? B ☐

... körperlicher oder geistiger Arbeitsüberlastung? C ☐

... seelischem Kummer? D ☐

... einer chronischen Blinddarmentzündung? E ☐

... einer chronischen Gallenblasenentzündung? F ☐

7. Hatten Sie in den letzten sechs Monaten eine oder mehrere der folgenden Krankheiten?

Lungenentzündung, Scharlach, Windpocken oder Virusgrippe A ☐

Eitrige Mandelentzündung B ☐

Kiefer- oder Stirnhöhlenentzündung C ☐

Zeckenbiß D ☐

Zahnwurzelentzündung E ☐

8. Haben/hatten Sie bereits eine der folgenden Beschwerden?

Knötchen an den Fingergelenken A ☐

Engegefühl in der Brust beim Luftholen, Husten oder Niesen B ☐

Regenbogenhautentzündung C ☐

Schmerzen im Kniegelenk oder an der Ferse **D** ☐

Heftige Schmerzen, die vom Unterkiefer bis zum Ohr ausstrahlen **E** ☐

Schmerzen an den Fingerknöcheln beim Händedruck **F** ☐

Morgendliche Schmerzen in den Gelenken bei jeder Bewegung **G** ☐

Die einzelnen Fragen und ihre Bewertungspunkte:

1) A: 2, B: 6, C: 5, D: 6 ☐

2) A: 7, B: 3 ☐

3) A: 2, B: 7, C: 4 ☐

4) A: 7, B: 2, C: 6 ☐

5) A: 3, B: 5, C: 7 ☐

6) A: 3, B: 4, C: 5, D: 5; E: 6, F: 6 ☐

7) A: 6, B: 7, C: 8, D: 4 ☐

8) A: 7, B: 8, C: 4, D: 6, E: 2, F: 7, G: 7 ☐

Ihre Gesamtpunkte: ☐

Auswertung

8 bis 20 Punkte

Wenn Sie so wenig Punkte erreicht haben, sind Sie zumindest zur Zeit nicht rheumagefährdet. Vermutlich sind Sie relativ jung, treiben eine für Ihre Gelenke günstige Sportart oder haben keinen körperlich besonders anstrengenden Beruf (Allerdings sind Hausfrauen erheblich stärker arthrosegefährdet als beispielsweise Büroangestellte). Sie achten auf maßvolle und vernünftige Ernährung. Sie sollten aber immer die Warnsignale Ihres Körpers beachten, damit Sie nicht irgendwann doch noch zum „Rheuma-Typ" werden.

21 bis 40 Punkte

Sie fürchten jetzt sicher, ein „Rheuma-Typ" zu sein. Ihre Chancen stehen jedoch recht gut, daß aus den ersten Anzeichen keine ernsthafte Rheuma-Erkrankung wird. Heftige Schmerzen z. B. auf einer Gesichtshälfte oder am Rücken in Brustkorbhöhe, die nicht mit Fieber verbunden sind, haben nichts mit Rheuma zu tun. Sie könnten von einer Neuralgie herrühren (bitte vom Arzt abklären lassen). Haben Sie in letzter

Zeit eine infektiöse Krankheit gehabt, dann sollten Sie bei Gelenkschmerzen unbedingt den Arzt aufsuchen, damit daraus nicht eine chronische Polyarthritis wird. Wenn Sie Bluthochdruck haben, sollten Sie versuchen, Übergewicht abzubauen. Dieses belastet Gelenke und Bindegewebe stark, wodurch wiederum eine Arthrose begünstigt wird.

40 bis 120 Punkte

Sie leiden entweder an einer rheumatischen Erkrankung oder sind zumindest stark gefährdet, eine zu entwickeln. Sie brauchen aber nicht passiv Ihr Schicksal abzuwarten und zu ertragen. Sie können selbst aktiv zur Besserung beitragen, denn Medikamente sind immer nur die zweitbeste Lösung. Treiben Sie regelmäßig gelenkschonenden Ausdauersport wie Schwimmen oder Radfahren, und ändern Sie Ihre Eßgewohnheiten. Wichtig, um das Immunsystem zu stärken, sind eine vitamin- und ballaststoffreiche Kost, wenig tierische Fette und wenig Alkohol. Nehmen Sie darüber hinaus ein Nahrungsergänzungsmittel wie z. B. Lyco Rheum (in der Apotheke und im Versand erhältlich), das für den Rheumatiker die so wichtigen Vitamine und pflanzlichen Biostoffe enthält.

Der schwierige Weg zur DIAGNOSE

Ein großes Problem bei der Diagnose von Rheuma ist, daß die Beschwerden der verschiedenen Rheuma-Formen im Anfangsstadium sehr ähnlich oder auch ganz unspezifisch sein können. So wird jemand, der unter Müdigkeit, Appetitlosigkeit oder Gewichtsverlust leidet, kaum Rheuma als Ursache vermuten. Auch Fieber, Sehstörungen oder Kopfschmerzen können zahlreiche andere Ursachen haben. Darüber hinaus treten manche Symptome auch gleichzeitig oder unmittelbar hintereinander auf, was die Diagnose zusätzlich erschwert.

Ein weiteres Problem ist, daß rheumatische Beschwerden häufig mit anderen Erkrankungen verwechselt werden. So können tief liegende Kreuzschmerzen auf eine Nierenentzündung hindeuten, oder eine Kniearthrose wird für ein Meniskusproblem gehalten. Manch einer führt auch die morgendliche Gelenksteife einfach auf die falsche Matratze oder Zugluft durch ein offenes Fenster zurück.

Dazu kommt: Viele Ärzte können Rheuma nur ungenügend diagnostizieren - nicht zuletzt, weil der Erkrankung im Medizinstudium immer noch zu wenig Bedeutung beigemessen wird. Nach Angaben der deutschen Rheuma-Liga werden bis zu 50 Prozent der

Rheuma-Fälle im ersten Jahr der Behandlung verkannt oder falsch beurteilt. Und der Berufsverband der deutschen Internisten schätzt, daß nur 15 bis 20 Prozent der von chronischer Polyarthritis Betroffenen frühzeitig durch einen Spezialisten betreut werden.

Doch selbst Rheumatologen sind mit der richtigen Diagnose manchmal überfordert. Der Hauptgrund ist, daß bisher so wenig über die Ursachen von Rheuma bekannt ist. Doch gerade bei rheumatischen Erkrankungen ist eine frühzeitige Diagnose und gezielte Behandlung überaus wichtig. So weiß man zum Beispiel, daß die chronische Polyarthritis in den beiden ersten Jahren nach Auftreten der Symptome sehr rasch fortschreitet. Je eher hier eine gezielte Behandlung erfolgen kann, desto besser kann der Entzündungsprozeß beeinflußt und ein irreparabler Schaden an den Gelenken verhindert werden. Zwar gibt es keinen entsprechenden Test, mit dem sich eine rheumatische Erkrankung eindeutig feststellen läßt, doch stehen dem Arzt eine Reihe von diagnostischen Möglichkeiten zur Verfügung. Anhand seiner Vorgehensweise können Sie auch prüfen, ob Sie sich in die richtigen Hände begeben haben.

Worauf Sie beim Arzt achten sollten:

- Zuerst sollte der Arzt gezielte Fragen zur Krankengeschichte (Anamnese) stellen. Dabei spielen auch die Angaben über eingenommene Medikamente und Auskünfte über rheumatische Beschwerden in der Familie eine große Rolle.

- Danach erfolgt eine gründliche körperliche Untersuchung. Hierbei wird auch Ihre Beweglichkeit überprüft. Manchmal läßt sich bereits an der Körperhaltung erkennen, ob bestimmte Gelenke wegen der Schmerzen geschont werden. Außerdem wird der Arzt nach äußeren Erkennungszeichen an den Gelenken (z. B. sogenannten Rheumaknoten) suchen.
- Bei begründetem Verdacht auf eine rheumatische Erkrankung sollte der Hausarzt Sie an einen Fachmann (Orthopäden, Neurologen oder Rheumatologen) überweisen.

Hinweis:

Adressen der nächst gelegenen Rheuma-Praxis können Sie über die örtlichen Ärztekammern oder die Deutsche Rheuma-Liga erfragen. Außerdem gibt es mittlerweile eine Reihe von regionalen Rheumazentren. (Die Adressen finden Sie im Anhang.)

- Weitere diagnostische Möglichkeiten sind Laboruntersuchungen des Blutes, Urins oder der Gelenkflüssigkeit. Hiermit läßt sich feststellen, ob eine Entzündung, Stoffwechselstörung oder eine Störung der Organfunktion vorliegt. Durch eine Blutuntersuchung können auch erhöhte Harnsäurewerte oder sogenannte Rheumafaktoren ermittelt werden.

Dabei handelt es sich um Eiweiß-Antikörper, die sich bei etwa Zweidrittel aller von der chronischen Polyarthritis Betroffenen nachweisen lassen.

- Da selbst ein Rheumafaktor nicht unbedingt der Beweis für eine rheumatische Erkrankung ist (Beispiel seronegative Formen), kann der Einsatz von bildgebenden Verfahren (Röntgen, Ultraschall, Computer- oder Kernspintomographie) oder eine Gelenkspiegelung (Arthroskopie) bzw. -punktion (Flüssigkeitsentnahme aus dem Gelenk) sinnvoll sein.
- **Wichtig:** Der Mediziner sollte sich Zeit für Sie nehmen und Ihre Sorgen und Nöte ernst nehmen. So spielen bei manchen Rheuma-Formen nicht zuletzt auch psychische Faktoren eine große Rolle.

Allgemein gilt: Nehmen Sie Gelenkschwellungen und -schmerzen ernst - vor allem, wenn die Beschwerden zum ersten Mal auftreten oder Ihnen unbekannt vorkommen. Lassen Sie die Ursachen immer von einem Arzt abklären. Wechseln Sie den Mediziner, wenn dieser keine Ursache finden kann, oder lassen Sie sich an einen Facharzt überweisen. Nochmals sei darauf hingewiesen: Rheumatische Erkrankungen werden bei vielen Patienten viel zu spät erkannt oder jahrelang falsch behandelt!

MEDIKAMENTE

zwei Seiten einer Medaille

Fast alle Rheuma-Patienten werden mit Medikamenten behandelt. Dabei unterscheidet man vier Hauptgruppen:

- Cortisonfreie Entzündungshemmer, auch nicht-steroidale Antirheumatika (NSAR) genannt: z. B. Diclofenac (Voltaren), Indometacin (Amuno), Piroxicam (Felden), Meloxicam (Mobec), Acetylsalicylsäure (Aspirin)
- Cortison: z. B. Prednison (Decortin) oder Prednisolon (Decortin H)
- Langwirksame Antirheumatika, sogenannte „Basismedikamente“: z. B. Goldpräparate (Tauredon), Methotrexat (Lantarel), Sulfasalazin (Azulfidine RA), Chloroquin (Resochin)
- Reine Schmerzmittel: z. B. Paracetamol (Benurin), Metamizol (Novalgin) oder Tramadol (Tramal)

Bei den verordneten Medikamenten muß man besonders danach unterscheiden, ob die Erkrankung akut, chronisch oder entzündlich verläuft. Am Anfang einer akuten rheumatischen Erkrankung werden - je nach Stadium - häufig verschiedene Medikamente gleichzeitig eingesetzt, um Schmerzen und Entzündungen zu lindern.

Bei chronischen Verlaufsformen geht es dagegen um eine langfristige Wirkung. Hier kommen hauptsächlich die sogenannten Basismedikamente zum Einsatz. Die genaue Wirkungsweise ist nicht bekannt. Man weiß jedoch, daß sie nicht nur Entzündungen hemmen, sondern auch direkt den Krankheitsverlauf beeinflussen, um so mögliche weitere Schäden an den Gelenken zu verhindern.

Auch hier muß man unterscheiden: Bei „mildem" Krankheitsverlauf reicht in der Regel eine Monotherapie mit nur einem Medikament aus, bei aggressiven Rheuma-Arten werden dagegen meist von Anfang an mehrere Präparate eingesetzt. Bei der Vielzahl der zur Verfügung stehenden Medikamente ist es jedoch für den Arzt schon fast eine Kunst, das richtige Mittel auszuwählen. Dazu kommt, daß die Medikamente bei jedem Patienten anders oder gar nicht wirken, so daß diese nicht selten wieder abgesetzt werden.

Als Betroffener sollte man deshalb darauf achten, ob der Arzt eine gesicherte Diagnose gestellt hat. Wenn ja, sollten notwendige Medikamente frühzeitig zum Einsatz kommen. Schlecht ist, wenn am Patienten lange herum gedoktert wird. Es wird so nicht nur viel wertvolle Zeit verloren, die man in eine andere (wirksamere) Therapie hätte investieren können. Vielmehr steigt mit dem

Ausprobieren verschiedener Mittel und Dosierungen auch das Risiko von Neben- und Wechselwirkungen.

Meldung:

Geringe Budgets treffen Rheumakranke

Der Berufsverband der Deutschen Internisten hat festgestellt: Weniger als die Hälfte aller Rheuma-Patienten befinden sich in fachärztlicher Behandlung. Ein Hauptgrund dafür ist die Budgetierung der Ärzte. So wird zum einen die Leistungsfähigkeit der Rheumatologen durch Fallzahlbegrenzungen eingeschränkt, zum anderen verhindern die Budgets, daß chronisch Kranke ausreichend mit notwendigen Medikamenten wie auch mit krankengymnastischer Behandlung versorgt werden, so der Verband. Darüber hinaus belasten die Zuzahlungen chronisch Kranke am stärksten: Die jährlichen Arzneimittelkosten belaufen sich auf 5.000 bis 7.000 DM - entsprechend hoch liegen die Zuzahlungen der Patienten.

Folgende Beispiele sollen die Risiken, die Rheuma-Medikamente mit sich bringen, verdeutlichen:

So wird bei schweren Formen der chronischen Polyarthritis häufig das aus der Tumorforschung bekannte Methotrexat eingesetzt. Forschungen belegen zwar, daß das Mittel zusammen mit dem neu in Deutschland zugelassenen Ciclosporin besonders wirksam ist. Da dieses jedoch - wie alle Basismedikamente - erst nach längerer Einnahme Wirkung zeigt (die nach Absetzen des Präparats meist schnell wieder verschwindet), steigt auch die Gefahr für Nebenwirkungen. So verursacht Methotrexat häufig Übelkeit, Entzündungen der Mundschleimhaut oder Leberschäden. Außerdem kann es in Verbindung mit anderen Antirheumatika, Aspirin oder bestimmten Antibiotika zu Wechselwirkungen kommen.

Mit den schon lange eingesetzten und erprobten Goldpräparaten sieht es nicht viel anders aus. So leidet jeder vierte Patient, dem das Metall gespritzt oder in Tablettenform verabreicht wird, unter juckenden Hautekzemen, Blut-, Leber- oder Nierenschädigungen.

Aber auch bei leichteren Rheuma-Formen bergen die Medikamente langfristig Risiken. So wird bei chronischer Polyarthritis mit langsamen Verlauf ohne auffallende Entzündungen vielfach Sulfasalazin verschrieben, das jedoch ebenfalls Magen-Darm-Störungen und Hautausschläge verursachen kann. Und Malariamittel - wie das Chloroquin - bergen selbst bei leichteren Fällen die Gefahr von Wechselwirkungen und führen nicht selten zu Übelkeit oder Ablagerungen in der Hornhaut des Auges.

Bei eher leichten Rheuma-Erkrankungen werden auch die nicht-steroidalen Antirheumatika (NSAR) eingesetzt. Sie heißen deshalb so, weil sie nicht zu den Hormonen (Steroiden) wie etwa das Cortison gehören. Sie sollen gleichzeitig Entzündungen und Schmerzen lindern. Diese Medikamente wirken - im Gegensatz zu anderen Schmerzmitteln - nicht zentral, sondern im beteiligten Gewebe. Hierbei werden nur bestimmte Gewebshormone (sogenannte Prostaglandine) blockiert, die den Schmerz weiter transportieren und auch für

Schwellungen verantwortlich sind. Die Prostaglandine schützen jedoch gleichzeitig die Magenwand vor der aggressiven Magensäure, was durch die Einnahme der Medikamente verhindert wird. Da ihre chemische Grundsubstanz zudem eine schwache Säure ist, kommt es nach einer gewissen Einnahmedauer besonders häufig zu Magenschmerzen, Übelkeit, Schmerzen im Oberbauch, zu Völlegefühl, Aufstoßen oder Sodbrennen. Außerdem kann die Einnahme zu einer Empfindlichkeit gegenüber Sonne mit juckenden Ekzemen führen. Langfristig angewandt können Schädigungen der Magenschleimhaut oder sogar Magengeschwüre auftreten. Bis zu 40 Prozent der Patienten, die NSAR-Medikamente einnehmen, klagen über Nebenwirkungen. Um Magen- und Darmgeschwüren vorzubeugen, müssen deshalb oft zusätzlich Magenschutzmittel eingenommen werden.

Eine besondere Rolle spielt in diesem Zusammenhang auch die Acetylsalicylsäure (z. B. in Aspirin), die ebenfalls für ihre schmerzstillende und anti-entzündliche Wirkung bekannt ist. So harmlos das Mittel bei gelegentlichen Kopf- und Zahnschmerzen auch ist: Bei längerer Einnahme kann Acetylsalicylsäure zu ernsthaften Magenproblemen führen. Außerdem steht sie im Verdacht, die unerwünschten Wirkungen von Methotrexat zu verstärken.

Auch bei den reinen Schmerzmitteln werden die Prostaglandine in ihrer Wirkung gebremst. Hier kommt es vor allem auf die Wirkzeit (Halbwertzeit) an. Sind noch Reste des Mittels im Blut und wird bereits eine neue Tablette eingenommen, steigt auch die Gefahr von Nebenwirkungen.

Beachten sollte man dabei auch, daß zum Beispiel bei Menschen über 60 Jahren Leber und Nieren langsamer arbeiten und infolgedessen auch schneller geschädigt werden können. Diese Gefahr ist besonders bei Kombi-Präparaten mit mehreren Inhaltsstoffen (z. B. Paracetamol und Acetylsalicylsäure) groß. Bei den Schmerzmitttteln gilt: Monopräparate mit nur einem Wirkstoff sind noch am verträglichsten.

Tip:

Nehmen Sie niemals Schmerzmittel auf nüchternen Magen oder in Verbindung mit Alkohol ein.

Um Magenproblemen zu entgehen, gibt es natürlich auch die Möglichkeit, Salben lokal auf die schmerzende Stelle aufzutragen. Auch hierbei handelt es sich teilweise um Präparate aus der Gruppe der nichtsteroidalen Antirheumatika (NSAR). Der Vorteil der Salbenverbände besteht darin, daß der Wirkstoff nicht so schnell in der Haut verschwindet. Auf der Haut bleibt vielmehr eine Art Depot, bei dem die Substanz nach und nach abgegeben wird.

Der Nachteil von Salben und Salbenverbänden ist jedoch, daß die Substanzen kaum mehr als ein bis zwei Zentimeter tief in die Haut eindringen. Untersuchungen haben gezeigt, daß die Wirkstoffe die Gelenkflüssigkeit kaum erreichen. Sie sind deshalb nur für Arthrosen an Gelenken sinnvoll, die nicht tief unter der Haut liegen wie z. B. Knie-, Hand- und Ellenbogengelenke.

Meldung:

Schulungsprogramm ersetzt Medikamente

Patienten mit schwerer chronischer Polyarthritis profitieren von einer sechsmal 90-minütigen Schulung. In einer Studie, an der die Rheumakliniken Bad Bramstedt, Bad Eilsen und Meerbusch beteiligt waren, wurden 324 stationär aufgenommene Patienten untersucht. Von ihnen hatten 175 zusätzlich zur medikamentösen Therapie ein intensives Schulungsprogramm des Arbeitskreises Patientenschulung der Deutschen Gesellschaft für Rheumatologie absolviert. Die Teilnehmer wußten anschließend wesentlich mehr über ihre Erkrankung als die Patienten der ungeschulten Vergleichsgruppe. Neuesten Forschungen zufolge ist eine hohe Selbstkompetenz sogar wichtiger für die Prognose der Erkrankung als die Höhe des im Blut ermittelten sogenannten Rheumafaktors. Wichtig ist vor allem: Die geschulten Patienten konnten sogar ihren durchschnittlichen Medikamentenbedarf erheblich verringern.

Quelle: Ärztezeitung, 05.11.1996

Ein ganz besonderes Augenmerk gilt auch dem Cortison. Hierbei handelt es sich um das künstlich hergestellte Hormon der Nebennierenrinde (inzwischen häufig Hydro-Cortison). Es beruht auf folgender Wirkungsweise: Cortison-Präparate werden in höherer Menge verabreicht, als sie der menschliche Organismus unter normalen Bedingungen selbst herstellt. Dadurch kommt es über die Zellen zu einer entzündungshemmenden und das Immunsystem unterdrückenden (immunsupressiven) Wirkung.

Cortison-Mittel haben den stärksten entzündungshemmenden Effekt unter allen Rheuma-Mitteln. Da die erwünschten Wirkungen jedoch erst bei hoher Gabe erzielt werden, verändern sich langfristig auch die Körperfunktionen. Dennoch wird Cortison von vielen Ärzten immer noch favorisiert, obwohl nicht nur die Behandlungsergebnisse bei manchen Rheuma-Erkrankungen zweifelhaft sind, sondern auch die Gefahr für Nebenwirkungen überaus groß ist. Diese entstehen vor allem dadurch, daß das künstlich hergestellte Hormon die Aufgaben des natürlichen Hormons beeinflußt. Zu den häufigsten Nebenwirkungen gehören:

- Störungen des Zuckerstoffwechsels
- Infektanfälligkeit und Immunschwäche
- Verringerung des Kalksalzgehalts in den Knochen und Gefahr für Knochenschwund (Osteoporose)
- Steigerung des Appetits und Gewichtszunahme
- Wasseransammlungen im Gewebe mit Aufschwemmen (vor allem im Gesicht)
- erhöhter Blutdruck

Das Ausmaß unerwünschter Begleiterscheinungen hängt von Cortisonmenge und Dauer der Behandlung ab. Als grobe Faustregel gilt: Nebenwirkungsfrei ist das

Cortison nur, wenn die Tagesdosis 5 mg (z. B. Prednison oder Prednisolon) und einer Dauer von 3 Wochen nicht überschreitet. Deshalb ist das Cortison lediglich als Unterstützung bei akuten Entzündungsschüben Mittel der Wahl.

Da Rheuma viele Auslöser und Erscheinungsformen hat, ist die medikamentöse Therapie allein, vor allem wegen der beschriebenen Nebenwirkungen und der teilweise widersprüchlichen wissenschaftlichen Erkenntnisse, nicht sinnvoll. Und noch einmal sei gesagt: Alle Rheumamittel können immer nur die Symptome und nie die Ursachen bekämpfen.

Zwar wird man als Betroffener nicht immer um Medikamente herumkommen (oder einen Arzt finden, der nach Alternativen sucht). Man sollte jedoch als Betroffener immer Nutzen und Risiken gegeneinander abwägen, und im Zweifelsfall auf natürliche Mittel setzen(s. hierzu auch nachfolgende Übersicht). Bedenken sollte man auch, daß eine Medikamenten-Einnahme ständige Kontrollen mit Labor- und Blutuntersuchungen notwendig macht - eine zusätzliche Belastung des Patienten.

Mögliche alternative Rheumatherapien:

- Die Eigenblut- oder Ozon-Sauerstoffbehandlung ist eine Möglichkeit, das Immunsystem zu stärken. Allerdings ist die Methode bei chronischer Polyarthritis nicht geeignet, da hier die Abwehr ohnehin schon überreagiert. Bei der Eigenbluttherapie entnimmt der Behandler Blut aus der Armvene und spritzt es anschließend in die Muskulatur. Um die Wirkung zu verstärken, wird das Blut oft einer UV-Strahlung ausgesetzt oder mit Medikamenten (bei Rheuma z. B: mit homöopathisch verdünntem Kupfer) angereichert.

- Bei der Homöopathie wird mit stark verdünnten (potenzierten) Substanzen gearbeitet. Da es viele pflanzliche Mittel gibt, lassen sich gezielt verschiedene rheumatische Symptome behandeln. Im Gegensatz zu Basismedikamenten haben homöopathische Wirkstoffe wesentlich weniger Nebenwirkungen. Allerdings muß auch hier die Behandlung über einen längeren Zeitraum erfolgen. Und: Zu Beginn der Behandlung können sich die Beschwerden verschlimmern.
- Bei der Neuraltherapie spritzt der Arzt ein örtlich wirksames Betäubungsmittel oder Vitamine in ein Störfeld, welches durch Entzündungen oder Schmerzen entsteht. Schmerzfreiheit kann jedoch nur erreicht werden, wenn die Behandlung mehrmals wiederholt wird.
- Phyototherapeutika wie zum Beispiel aus der Teufelskralle, Weidenrinde, Esche und Pappel sind eine Alternative zu herkömmlichen Schmerzmitteln, weil hier kaum schwerwiegende Nebenwirkungen auftreten. Allerdings ist die Wirkung der Substanzen meist nicht sehr ausgeprägt.
- Die zahlreichen Rheumatees enthalten Pflanzenwirkstoffe (z. B. Wacholder, Birkenblätter

oder Hauhechel), die Stoffwechsel und Nierenfunktion anregen und so eine harntreibende Wirkung entfalten sollen. Rheumatees sind in der Regel harmlos, können aber wegen der Vielfalt der rheumatischen Erkrankungen nicht gezielt eingesetzt werden. Ausnahme sind spezielle Tees bei Gicht.

- Pflanzliche Salben, Cremes und Pflaster sind besonders bei nicht-entzündlichem Weichteilrheuma eine zusätzliche Hilfe. Die Salben enthalten fast immer Substanzen (z. B. Capsaicin aus der Paprika), die eine verstärkte Durchblutung der entsprechenden Hautpartie bewirken. Der Nachteil ist allerdings, daß die Stoffe meist nicht weit unter die Haut gelangen und bei tiefliegenden Beschwerden wenig nützen.
- Eine weitere Form der Behandlung ist die Thymus-Therapie. Die Thymusdrüse steuert und überwacht das gesamte Abwehrsystem beim Menschen. Hier setzt auch diese Therapieform an, bei der spezielle Thymus-Extrakte über einen längeren Zeitraum verabreicht werden. Eiweißhaltige Thymus-Roh-Extrakte (THX) sind jedoch nicht nebenwirkungsfrei. Inzwischen gibt es jedoch positive Behand lungsergebnisse mit eiweißfreiem Thymus-Extrakt - vor allem bei chronischer Polyarthritis eine zusätzliche Behandlungsmöglichkeit neben der Basis- oder Langzeittherapie.

Was die Zukunft der medikamentösen Rheuma-Therapie betrifft: Es wird derzeit sehr viel an neuen biologischen (gentechnisch veränderten) Medikamenten geforscht. Doch eine Wunderwaffe ohne Nebenwirkungen ist nicht in Sicht. Und auch Neuentwicklungen werden nicht immer den erwünschten Fortschritt bringen.

Aus diesen Gründen ist es weit besser, verschiedene Behandlungsformen miteinander zu kombinieren. Wichtig sind für den Rheumakranken vor allem drei Punkte, die durch Maßnahmen erreicht werden können, die in den nachfolgenden Kapiteln dieses Buches ausführlicher beschrieben werden:

1. Ein intaktes Immunsystem:
Dazu gehört einerseits eine gesunde, abwechlungsreiche (fleischarme) Ernährung. Der Rheumatiker oder Rheuma-Gefährdete hat allerdings einen besonders hohen Bedarf an Vitaminen und Vitalstoffen, der aus der Nahrung kaum gedeckt werden kann. Daher ist die zusätzliche Versorgung über ein speziell für den Rheumatiker konzipiertes Nahrungsergänzungsmittel wie Lyco-Rheum (in Apotheken oder im Versand erhältlich) von großer Bedeutung.

2. Beweglichkeit:
Dies läßt sich mit Sportarten erreichen, die einerseits die Beweglichkeit fördern, andererseits jedoch die Gelenke nicht zu stark belasten. Dazu gehört vor allem Gymnastik, Schwimmen, Radfahren und das Walking. Ergänzend dazu gibt es verschiedene auf den Rheumatiker zugeschnittene Therapieformen.

3. Schmerzfreiheit:

Medikamente sind immer nur die zweitbeste Lösung. Es gibt jedoch noch andere Möglichkeiten, rheumatische Schmerzen zu lindern. Neben alternativen Behandlungsmethoden spielt hier die richtige Zufuhr von Nahrungsmittteln und Vitalstoffen eine große Rolle, wodurch sich oft ein Teil der herkömmlichen Schmerzmittel einsparen läßt. Wichtig ist auch eine Schmerzbewältigungsstrategie, etwa durch regelmäßige Entspannung.

Stichwort

Rheumachirurgie

Operative Eingriffe können in manchen Fällen das Fortschreiten der rheumatischen Erkrankung aufhalten, indem sie als lokale Barrieren fungieren. Dadurch lassen sich bei einigen Patienten Schmerzen lindern, Gelenke erhalten oder die Funktion des Gelenks teilweise wiederherstellen. Darüber hinaus kann der Gelenk-Ersatz das Leiden zum Stillstand bringen. Seit kurzem ist es auch möglich, Knorpel nachzuzüchten und so den erkrankten Teil zu ersetzen.

Wenn die Weichteile betroffen sind, können noch gesunde Sehnen an die entsprechende Stelle transplantiert werden. Auch eine Fehlstellung der Beine infolge des Rheumas läßt sich auf operativem Wege korrigieren.

Das gleiche gilt für fortgeschrittene Gelenkzerstörungen, bei denen der Gelenkknorpel zerstört wurde. Hier treten häufig die gefürchteten Gelenkversteifungen auf. Solche Versteifungen im Bereich der Wirbelsäule führen fast immer zu chronischen Rückenschmerzen. Dann können einzelne Gelenke oder bestimmte Wirbelsäulenabschnitte der Lendenwirbelsäule operativ stabilisiert werden.

Bei fortgeschrittenen Arthrosen werden in letzter Zeit immer häufiger plastische Operationen durchgeführt. Meistens werden Hüft- und Kniegelenke durch künstliche Gelenke (sogenannte Endoprothesen) ersetzt. In der Regel werden derartige Operationen jedoch nur bei älteren Patienten durchgeführt.

Allgemein gilt: Die operativen Möglichkeiten haben in letzter Zeit große Fortschritte gemacht. Dennoch sollte man bei jeder Operation Nutzen und Risiken gegeneinander gründlich abwägen und sich zuvor genau von einem Spezialisten (z. B. in einem Rheumazentrum) beraten lassen.

Rheuma und ERNÄHRUNG

Vermutet hat man schon immer, daß Rheuma auch durch eine falsche Ernährung begünstigt wird. Bereits im Jahre 1940 stellten Mediziner fest, daß die Grönland-Eskimos wesentlich seltener unter rheumatischen Erkrankungen litten als die übrige Bevölkerung. Zurückzuführen war dieses Phänomen auf den hohen Fischverzehr. Fisch enthält reichlich Omega-3-Fettsäuren, die entzündliche Prozesse im Körper verhindern hilft.

Trotz dieser und immer neuerer Erkenntnisse streiten manche Mediziner den Zusammenhang zwischen Rheuma und Ernährungsgewohnheiten ab. Zurückzuführen ist diese Haltung hauptsächlich auf den derzeitigen Stand der medizinischen Forschung.

So ist die Bedeutung der Ernährung für das Abwehrsystem des Körpers über den Darm noch nicht völlig geklärt. Im Darm finden jedoch viele Kontakte des körpereigenen Abwehrsystems mit Nahrungsbestandteilen statt. Aus diesem Grund kann auch das Immunsystem durch eine falsche Ernährung geschwächt werden. Dies betrifft insbesondere die entzündlichen Rheuma-Formen, bei denen eine Störung des Immunsystems vorliegt. Da wissenschaftliche Beweise hier zum Teil noch ausstehen, sind auch Ernährungsempfehlungen für die meisten rheumatischen Erkrankungen nach wie vor nicht eindeutig. Und spezielle Rheuma-Diäten sind zum Teil sogar widersprüchlich.

Anders sieht es nur bei der Gicht aus. Inzwischen sind viele Einzelheiten bekannt, die die Einflüsse der Ernährung auf den menschlichen Stoffwechsel betreffen. Deshalb gelten bei Gicht, die ja eine stoffwechselbedingte Erkrankung ist, eindeutige Empfehlungen.

Dennoch gibt es immer mehr Studien, die darauf hindeuten, daß auch andere entzündliche rheumatische Erkrankungen durch eine falsche Ernährung ausgelöst oder zumindest gefördert werden. Als eindeutig gilt der Einfluß der Arachidonsäure auf die chronische Polyarthritis. Dabei handelt es sich um eine ungesättigte Fettsäure, die selbst vom Körper gebildet und mit tierischen Nahrungsmitteln aufgenommen wird. Arachidonsäure befindet sich hauptsächlich in Fleisch, Innereien und tierischen Fetten. Zwar haben wir auch einen gewissen Bedarf an dieser Säure; dieser liegt jedoch lediglich bei 0,1 mg pro Tag. Durch Fleisch nehmen wir täglich im Durchschnitt schon 200 bis 400 mg auf - ein Vielfaches von dem, was eigentlich notwendig wäre.

Die Arachidon-Spitzenreiter sind (pro 100 g)

Schweineschmalz	1700 mg
Schweineleber	870 mg
Kalbsleber	350 mg

Wer also zu Rheuma neigt oder bereits erkrankt ist, sollte diese Lebensmittel nach Möglichkeit meiden oder deren Verzehr zumindest einschränken.

Hinweis:

Lebensmittel, die reichlich Arachidonsäure enthalten, stehen auch im Verdacht, Migräne-Anfälle auszulösen. Wer zusätzlich unter Migräne leidet, sollte deshalb arachidonsäurehaltige Nahrungsmittel ganz vom Speisezettel streichen.

Schafft es der Rheumatiker, den Arachidonsäurespiegel durch die richtige Auswahl der Nahrungsmittel zu reduzieren, bessern sich nicht nur Entzündungen, sondern auch die Schmerzen. Der Patient kann sich dann auch wieder erheblich besser bewegen. Diese Auffassung vertritt auch Professor Olaf Adam von der Rheuma-Einheit der Universität München, der hierzulande zu den führenden Kapazitäten für den Bereich Rheuma und Ernährung gehört. Um den Arachidonsäurespiegel zu senken, sind folgende Maßnahmen sinnvoll:

Kein Fleisch:

Streichen Sie doch einmal versuchsweise für ein paar Wochen Fleisch, Innereien, Wurstwaren und tierische Fette von Ihrem Speiseplan. Wenn Sie das Gefühl haben, daß Sie sich mit vegetarischer Kost besser fühlen, bleiben Sie dabei oder schränken Sie zumindest den Verzehr von Fleisch ein.

Keine Eier:

Eier (und vor allem das Eigelb) enthalten nicht nur Cholesterin, das dem Rheumatiker nicht bekommt, sondern auch sehr viel Arachidonsäure. Sie sollten deshalb Eier am besten ganz von Ihrem Speiseplan streichen oder sie nur sehr bewußt und sparsam verwenden.

Fettarme Milch:

Auch Milch und Milchprodukte sind nicht restlos frei von Arachidonsäure. Das Problem läßt sich erheblich reduzieren, wenn der Rheumatiker fettreduzierte Milch verwendet. (So enthält 1 Liter Milch mit 1,5 Prozent Fett nur 20 Milligramm Arachidonsäure). Da viele Rheumatiker zusätzlich ein hohes Osteoporose-Risiko besitzen, ist Milch wegen des hohen Gehalts an Kalzium auch ein wichtiger Knochenschutz.

Pflanzenöle:

Da die Arachidonsäure im Körper erst durch sogenannte Sauerstoff-Radikale ihr Entzündungspotential entfalten kann, ist es wichtig, die Entstehung von freien Radikalen im Körper einzudämmen. Dabei hilft hauptsächlich das Vitamin E, das in Pflanzenölen steckt. Gute Vitamin E-Lieferanten sind in erster Linie Distel-, Maiskeim-, Soja- oder Weizenkeimöl.

Seefisch

In Fisch, der aus der Tiefe des Meeres kommt (z.B. Sardinen, Lachs) stecken viel Omega-3-Fettsäuren, die einen hohen Anteil des Stoffes Eikosapentaen haben. Dieser Stoff verdrängt die Arachidonsäure aus den Zellen und hemmt außerdem zwei körpereigene Enzyme, durch die der Entzündungsfaktor der Arachidonsäure beschleunigt wird. Ideal ist daher, täglich Fisch (außer Aal und Thunfisch) zu essen.

Obst und Gemüse

Günstig ist es, viel frisches Obst und Gemüse zu essen. So helfen etwa Zwiebeln, Kirschen und Äpfel mit ihren Bioflavonoiden, überschießende Reaktionen des Immunsystems zu unterbinden. Oder Blumenkohl: Er enthält reichlich Vitamin B_5 (Pantothensäure). Diese ist wichtig für den Aufbau neuer Schleimhautzellen und die geregelte Übertragung von Nervenreizen. Außerdem fördert Vitamin B_5 die Ausschüttung des schmerzlindernden Hormons Cortisol über die Nebennieren.

Allergene in Nahrungsmitteln

In seltenen Fällen können allerdings auch Allergene aus - oft sogar gesunden - Nahrungsmitteln zu Gelenkbeschwerden führen. Die häufigsten Allergien bestehen gegen Kuhmilch, Hühnerei, Nüsse, Gewürze, Getreide, Fisch, Fleisch und bestimmte Obstsorten (wie Äpfel, Pfirsich und Kirschen). Hierbei sollte man auch auf sogenannte Kreuzreaktionen achten. So kann jemand, der auf bestimmte Obstsorten reagiert, gleichzeitig auch gegen botanisch verwandte Baumpollen allergisch sein. Wichtigstes Kriterium, um die Beschwerden von einer „echten" rheumatischen Erkrankung zu unterscheiden, ist der zeitliche Zusammenhang zwischen der Nahrungsaufnahme und den Symptomen. Dazu gehören Juckreiz, Magen-Darm-Beschwerden und Atemprobleme. Lassen Sie bei einem begründetem Verdacht einen Allergietest beim Hautarzt machen. Zusätzlich kann das Führen eines Ernährungstagebuchs hilfreich beim Aufspüren einer Allergie sein.

Besoders gut läßt sich die Gicht durch eine Ernährungsumstellung beeinflussen. Bei Menschen mit Gicht ist die Fähigkeit vermindert, Harnsäure über die Nieren auszuscheiden. Dadurch lagern sich Kristalle z.B. in Gelenken ab und führen zu den Entzündungserscheinungen und Schmerzen. Harnsäure entsteht beim Abbau von bestimmten Zellbestandteilen (Purinen). Da sie mit der Nahrung aufgenommen werden, kann ein akuter Gichtanfall durch gezielte Maßnahmen verhindert werden:

- Wichtig ist vor allem, daß die Ernährung eiweißarm ist. Eier und Milchprodukte sind dabei zwar nicht gänzlich verboten. Beides sollte allerdings nur im eingeschränkten Umfang verzehrt werden.
- Da Gicht ein ernstzunehmender Risikofaktor für Arteriosklerose ist, sollten die Betroffenen besonders auf ihre Cholesterin werte achten.
- Gichtpatienten sollten am Tag mindestens 2 Liter Flüssigkeit zu sich nehmen - bevor zugt natriumarmes Mineralwasser oder unge süßte Früchtetees.
- Ganz allgemein ist eine ausgewogene und fleischarme Ernährung mit viel Obst und Gemüse zu bevorzugen (beachten Sie aber die nachfolgende Ausnahmen).
- Vorsicht bei Alkohol und Niktotin:
  Sie können einen Gichtanfall auslösen.

Bedingt erlaubt sind:

- Pilze, Spinat, Schwarzwurzeln
- Bananen, Trockenfrüchte, Nüsse
- mageres, gedünstetes (Puten-)Fleisch
- Fischfilet und Meeresfrüchte
- Kaffee, schwarzer Tee, Kakao

Tabu sind:

- Hülsenfrüchte (Erbsen, Linsen und Bohnen)
- Innereien, Hühner- und Gänsefleisch
- Fischkonserven und gebratener Fisch
- fettreiche Milchprodukte
- Zucker und Süßigkeiten
- Alkohol, Limonade, mit Zucker gesüßte Fruchtsaftgetränke

Zwischen Rheuma und der Ernährung besteht nicht nur ein direkter, sondern auch ein indirekter Zusammenhang. So wirkt sich Übergewicht nicht nur negativ auf das Herz-Kreislauf-System aus, jedes Kilo, das Sie mehr auf die Waage bringen, erhöht auch die Belastung Ihrer Gelenke und der Wirbelsäule. Dadurch kann der Verschleiß der Gelenke und somit eine Arthrose gefördert werden.

Nun gibt es zwei Möglichkeiten, Gewicht zu verlieren. Die erste ist: Sie machen eine Diät. Bei einer sogenannten Reduktionskost (800 - 1.000 kcal. täglich) verlieren Sie relativ schnell Gewicht (in der Anfangsphase allerdings hauptsächlich Wasser). Da Sie bei den meisten Diäten eigentlich permanent hungern, bedeutet das für Ihren Körper eine zusätzliche Belastung zu der Rheuma-Erkrankung. Es kommt auch häufig zu dem sogenannten „Jojo-Effekt“: Das Gewicht ist ebenso schnell wieder da, wie es verschwunden war, sobald Sie wieder auf eine nicht kalorienreduzierte Ernährung umsteigen.

Bedenken sollte man außerdem, daß ein einmal eingetretener Gelenkverschleiß durch die Ernährung allein nicht wieder rückgängig gemacht werden kann.

Außerdem ist der Erfolg der diversen (zum Teil auch widersprüchlichen) Rheuma-Diäten sehr subjektiv. Was dem einen geholfen hat, kann für den anderen sogar schädlich sein. Wichtig ist deshalb, für sich selbst eine geeignete Diät zu finden, aber dabei keine Wunder zu erwarten.

Eine Diät kann jedoch andererseits bei Verschleißerkrankungen und einer Arthrose der großen Gelenke wichtig sein, um den Zucker- und Fettstoffwechsel zu normalisieren und den Knorpel- und Knochenstoffwechsel nicht noch zusätzlich zu belasten. Auch bei einer Sonderform der Verschleißerkrankungen der Wirbelsäule, der Spondylose (hier kommt es zu einer Spangenbildung von Wirbelkörper zu Wirbelkörper) ist eine spezielle zuckerfreie Diät notwendig.

Allgemein gilt es zu beachten: Zu hohe Blutzucker- und Fettwerte können zu Ablagerungen in den Gelenken führen und so die Knorpelernährung ungünstig beeinflussen.

Abgesehen von den verschleißbedingten Rheuma-Formen gibt es auch einige weitere Fälle, bei denen eine spezielle vom Arzt überwachte Diät sinnvoll ist:

- wenn bei entzündlichen rheumatischen Erkrankungen zusätzlich die inneren Organe oder die Blutgefäße befallen sind und ihre Funktion nachhaltig stören
- wenn die Einnahme von Cortison eine Erhöhung des Blutzuckerspiegels zur Folge hat
- wenn die Nierenfunktion durch die Erkrankung selbst oder die Einnahme von Medikamenten beeinträchtigt ist

In solchen Fällen wirkt eine Diät nicht nur positiv auf das Krankheitsgeschehen, sondern ist manchmal sogar unumgänglich. In bestimmten Fällen kann eine Diät durchaus vorbeugend wirken, wenn man das entsprechende Risiko erkannt hat.

Dazu kommt noch etwas: Wer lediglich für ein paar Wochen nach Diät lebt, verankert die wichtigen Maßnahmen nicht in sein Bewußtsein. Dies ist jedoch für dauerhaften Erfolg äußerst wichtig.

In der Regel bringt auch nicht das Weglassen eines Nahrungsmittels den gewünschten Erfolg, sondern nur die langfristige Umstellung der Ernährung in Kombination mit einer gezielten Zufuhr von Vitaminen und Biostoffen, wie sie durch Lyco Rheum erfolgt. Professor Adam von der Rheuma-Einheit der Universität München ist sogar der Auffassung, daß durch die Umstellung der

Ernährung ein Viertel der Rheumamedikamente eingespart werden können.

Tip:

Wenn Sie zunächst davor scheuen, Ihre Ernährung umzustellen, hilft folgender Ratschlag: Streichen Sie einmal für ein paar Wochen Fleisch und Wurst von ihrem Speisezettel. Wenn es Ihnen anschließend besser gehen sollte, wird es Ihnen auch leichter fallen, sich in Zukunft ausgewogener zu ernähren.

Für Patienten mit rheumatischen Erkrankungen gibt es zwar keine Notwendigkeit, sich ausschließlich vegetarisch zu ernähren, doch allein der Zusammenhang zwischen Fleischkonsum und erhöhtem Arachidonsäure-Spiegel ist Grund genug, weitgehend auf Fleisch zu verzichten. Besonders sinnvoll ist eine lakto-vegetabile Ernährungsweise (vegetarische Kost, bei der Milch- und Milchprodukte erlaubt sind). Hierbei erhält der Körper alle - gerade für den Rheumatiker - wichtigen Nährstoffe. Und die Versorgung mit Calzium über Milch- und Milchprodukte beugt zusätzlich dem Osteoporose-Risiko vor. Zwar enthält auch Milch, da sie tierischen Ursprungs ist, geringe Mengen Arachidonsäure. Dem Problem kann man jedoch entgehen, wenn man auf fettarme Milchprodukte ausweicht.

Man kann sagen: Wer sich ausgewogen ernährt, hilft seinem Körper, mit der Erkrankung wesentlich besser fertig zu werden und spart möglicherweise einen Teil der Medikamente ein. Ein weiterer positiver Nebeneffekt ist, daß man so auch langsam, aber stetig Übergewicht abbaut.

Sinnvoll ist es auch als (noch) Gesunder, sich vollwertig und ausgewogen zu ernähren. Heutzutage enthält die Ernährung fast immer zuviel tierisches Eiweiß, zu wenige Ballaststoffe und zu wenige Vitamine und Mineralien. Dazu kommen Genußgifte wie Alkohol und Nikotin. Bewegungsmangel führt außerdem dazu, daß wir zu wenig Energie verwerten und Fett ansetzen. All diese Faktoren machen uns anfälliger für Zivilisationskrankheiten wie Krebs und Herz-Kreislauf-Erkrankungen.

Wer sich dagegen ausgewogen (viel Gemüse, Obst, Getreide und Milchprodukte) ernährt und qualitativ hochwertige, möglichst frische und naturbelassene Nahrungsmittel bevorzugt, kann vielen Erkrankungen (unter Umständen auch Rheuma) vorbeugen.

LYCO-RHEUM

Die Ernährungs-Revolution

Antioxidantien

Beta Carotin

Vitamin C

Vitamin E

Selen

Kieselsäure

Bioflavonoide

Die Farbe Rot und die Natur

Wunderwaffe Tomate

Zwar läßt sich Rheuma über gesunde Nahrungsmittel positiv beeinflussen, doch sind der Ernährung auch Grenzen gesetzt. So enthält vieles von dem angebotenem Obst und Gemüse - nicht zuletzt wegen langer Transportwege - nur noch einen geringen Anteil an Vitalstoffen. Dazu kommt: Manches Gemüse ist durch aggressiven Anbau mit Dünge- und Insektenschutzmitteln stark belastet. Und Exportgemüse kann - allen deutschen Verboten zum Trotz - radioaktiv haltbar gemacht worden sein. Derzeit weiß noch niemand, inwieweit diese „Behandlungen" Krankheiten verursachen können. Aus diesem Grund sollte man gerade als Rheumatiker bei solchen Nahrungsmitteln eher skeptisch sein. Wer unter einer chronischen oder ernsthaften Krankheit leidet, für den ist es besonders wichtig, sich möglichst mit reinen Lebensmitteln zu ernähren, damit der Körper nicht noch zusätzlich mit Giftstoffen belastet wird.

Eine gute Alternative bieten die sogenannten Nahrungsergänzungsmittel. Manche Ernährungsexperten behaupten zwar, daß der gesunde Mensch keine zusätzlichen Mittel braucht, wenn er sich ausgewogen ernährt. Das ist aber so nicht ganz richtig: Mit der wachsenden Zahl der Umweltbelastungen und chemischen Behandlungen wird es für den einzelnen immer schwieriger, sich ausgewogen zu ernähren. Der Vorteil für den Rheumatiker oder rheumagefährdeten Menschen besteht darin, daß das Mittel eine spezielle, für ihn dringend notwendige Kombination von Vitaminen und anderen Biostoffen enthält, deren Bedarf er durch die Nahrung allein nicht decken könnte. Dies ist besonders dann wichtig, wenn ein Rheuma-Schub oder eine Verschlimmerung des Leidens droht. Außerdem ist es gerade für den an chronischem Rheuma Erkrankten - oder denjenigen, der gezielt einer rheumatischen Erkrankung vorbeugen möchte - wichtig, bestimmte Vitalstoffe in gleichmäßiger Dosierung über einen längeren Zeitraum zuzuführen, um eine besonders hohe Wirkung zu erzielen. Bei Rheuma-Medikamenten ist dies, wie beschrieben, meist mit Nebenwirkungen verbunden. Diese fallen mit Nahrungsergänzungsmitteln als natürliche Alternative weg.

Lyco-Rheum enthält alle wichtigen Nährstoffe, die der Rheuma-Kranke braucht. Neben der kurzfristigen Einnahme zur Linderung akuter Beschwerden empfiehlt sich eine kurmäßige Anwendung über mehrere Wochen oder Monate als gezielte Unterstützung der Rheumatherapie. Auch derjenige, der durch den Test „Bin ich ein Rheuma-Typ?" erkannt hat, daß er ein gewisses Risiko für Rheuma in sich trägt, kann damit gezielt einer späteren Erkrankung vorbeugen. Das Präparat ist ab sofort in allen Apotheken oder im Versand erhältlich.

Nachfolgend erfahren Sie, welche Inhaltsstoffe in Lyco-Rheum stecken und warum diese für den Rheumatiker besonders wichtig sind.

Antioxidantien

Durch den andauernden Entzündungsprozeß befinden sich im Blut von chronischen Rheuma-Patienten neben Prostaglandinen und anderen Entzündungsstoffen zahlreiche freie Radikale. Diese aggressiven chemischen Substanzen greifen Körperzellen an oder können diese und damit auch bestimmte Gelenkstrukturen wie Knorpel zerstören. Die zerstörerische Wirkung kann nur mit Hilfe von Antioxidantien verhindert werden. Dazu gehören insbesondere das Beta-Carotin, die Vitamine C und E sowie Selen-Glutathion.

Studien haben ergeben: Der Bedarf an Antioxidantien ist bei entzündlichen Prozessen deutlich erhöht. Deshalb kämpft der Körper bei einer chronischen Polyarthritis ständig vergeblich gegen die Entzündungsherde an. Antioxidantien helfen, die Bildung von entzündlichen Stoffen zu verhindern. Sie hemmen dabei auch die Umwandlung (Oxidation) der für den Rheumatiker kritischen Arachidonsäure in entzündungsfördernde Stoffe. Folgende Antioxidantien sind besonders wichtig:

Beta-Carotin

Beta-Carotin gehört zur Gruppe der Carotinoide. Das Beta-Carotin wird vom Körper in Vitamin A umgewandelt. Vitamin A hemmt das Wachstum von Krebszellen und gilt deshalb auch als Antikrebsvitamin. Darüber hinaus ist es in der Lage, gefäßverengende Ablagerungen in den Arterien zu verhindern und so Herzerkankungen und Schlaganfällen vorzubeugen.

Carotinoide besitzen selbst starke antioxidative Eigenschaften und verbessern so die geregelte Arbeit des Immunsystems. Zusätzlich schützen Carotinoide die Schleimhäute und die Augen.

Zu den Carotinoiden gehört auch das Lykopin, ein wichtiger Wirkstoff, der auch in Tomaten enthalten ist. (Dazu später noch mehr Informationen für Sie)

Hinweis:

Da Beta-Carotin fettlöslich ist, sollte carotinhaltiges Obst und Gemüse (z. B. Brokkoli, Grünkohl, Karotten, Tomaten und Aprikosen) immer mit etwas Fett (einigen Tropfen Pflanzenöl, etwas Margarine oder einem Klacks Sahne) gegessen werden.

Vitamin C

Der wissenschaftliche Name eines der wichtigsten Vitamine für den Menschen lautet Ascorbinsäure. Vitamin C ist die Gesundheitspolizei in unserem Körper: Es stärkt das Immunsystem, unterstützt den Stoffwechsel und stärkt das Bindegewebe. Dabei hilft es den Freßzellen, mit ungebetenen Eindringlingen wie Viren, Bakterien und entzündlichen Stoffen besser fertig zu werden und ist deshalb besonders bei allen Arthritis-Formen wichtig. Studien haben zudem ergeben: Menschen, die regelmäßig ausreichend Vitamin C zu sich nehmen, haben außerdem ein um 50 Prozent geringeres Risiko für Erkältungskrankheiten.

Vitamin C verbessert auch die Kalziumaufnahme des Körpers. Dadurch bekommt es eine besondere Bedeutung hinsichtlich der Osteoporose - ein zusätzliches Risiko für alle Rheuma-Patienten. Auch Menschen, die häufig Schmerzmittel mit dem Wirkstoff Acetylsalicylsäure (ASS) einnehmen, brauchen verstärkt Vitamin C, da der Wirkstoff ein großer Vitamin C-Räuber ist.

Nach Angaben der Deutschen Gesellschaft für Ernährung (DGE) liegt der Tagesbedarf bei etwa 75 mg.

Dagegen werden in den USA zum Teil sogar Megadosen von bis zu 2 Gramm Vitamin C am Tag empfohlen. So unterschiedlich die Empfehlungen auch sind: Vitamin C kann nicht überdosiert werden. Was zuviel ist, scheidet der Körper von allein wieder aus, solange die Nieren gesund sind.

Da besonders der Rheuma-Kranke die Unterstützung dieses Antioxidants benötigt, kann die tägliche Zufuhr jedoch höher als 75 mg liegen.

Tip:

Besonders reich an Vitamin C sind neben den Zitrusfrüchten (Kiwis, Orangen, Grapefruits) auch schwarze Johannisbeeren, Sanddornsaft und Brokkoli. Sie sollten darauf achten, daß Sie Obst und Gemüse immer so frisch wie möglich verbrauchen, da das Vitamin C sehr licht-, hitze- und sauerstoffempfindlich ist.

Vitamin E

Dieses Vitamin fungiert quasi als Rostschutzmittel in unserem Körper. Der chemische Name für Vitamin E lautet Tocopherol. Es schützt empfindliche Substanzen wie Vitamin A oder Fettsäuren, aber auch die Körperzellen vor den Freien Radikalen. In Zusammenarbeit mit dem Vitamin C unterstützt Vitamin E das Immunsystem im Kampf gegen Infektionen. Was jedoch für den Rheumatiker noch viel wichtiger ist: Ein hoher Vitamin E-Spiegel bindet die Arachidonsäure, damit werden entsprechend auch die Schmerzen des Rheumakranken gelindert.

Meldung:

Vitamin E lindert Schmerzen bei Rheuma

Neuesten Forschungsergebnissen zufolge hat Vitamin E (Tocopherol) eine schmerzlindernde Wirkung bei Rheuma. In einer britischen Studie wurden 42 Patienten mit Vitamin E und einem Placebo behandelt. Dabei stellte sich heraus, daß diejenigen, die das Vitamin über 12 Wochen einnahmen, deutlich weniger unter rheumatischen Schmerzen zu leiden hatten als die Kontrollgruppe mit dem Scheinmedikament. Die Einnahme von Vitamin E eignet sich danach besonders als begleitende Maßnahme der Rheumatherapie.

Quelle: Annals of Rheumatism Disorders, vol. 56, Bd. 11/1997

Es gibt allerdings zwei verschiedene Arten des Vitamins: das höherwertige Vitamin E befindet sich in tierischen Produkten wie Eiern oder Fleisch. Diese sind jedoch wegen des relativ hohen Arachidonsäurespiegels nicht zu empfehlen. Als Alternative bietet sich pflanzliches Vitamin E wie etwa im Weizenkeimöl an. Dieses enthält jedoch nur etwa ein Viertel der Biowerte aus tierischen Produkten. Mit Lyco-Rheum hat man dieses Problem nicht. Es enthält hochwertiges Tocopherolacetat.

Meldung:

Synthetisches Vitamin E ist genauso wertvoll

Ob natürliches oder synthetisch hergestelltes Vitamin E zum Einsatz kommt, spielt anscheinend bei der Rheumabehandlung keine Rolle. Forscher vom Southwestern Medical Center in Texas verabreichten 790 Testpersonen 8 Wochen lang natürliches beziehungsweise synthetisches Vitamin E. Ergebnis: Das synthetisch hergestellte Vitamin wirkte in jeder Hinsicht gleich wie das natürliche Vitamin E.

Der Tagesbedarf eines Erwachsenen liegt bei etwa 12 mg Vitamin E. Mit 2 Tabletten Lyco Rheum nimmt man mehr als den Tagesbedarf an Vitamin E zu sich. Das hat einen gutem Grund: Mehrere Forschungen haben nämlich gezeigt, daß Vitamin E besonders wirksam zur Vorbeugung und Behandlung rheumatischer Erkrankungen geeignet ist. Denn beim Rheumatiker ist der Bedarf an Vitamin E deutlich erhöht, weil der Körper ständig gegen die Entzündung ankämpft. Außerdem ist es für den Rheumatiker besonders wichtig, wegen der schützenden Fettsäuren regelmäßig Fisch zu essen. Vitamin E schützt die im Fisch enthaltenen gesunden Fettsäuren vor Freien Radikalen. Daß Vitamin E ein besonders wirksamer Radikalfänger ist, zeigt sich auch daran, daß das Vitamin E den sogenannten Altersflecken vorbeugt. Hierbei werden die aggressiven Substanzen, die für die unschönen Hautflecken verantwortlich sind, unschädlich gemacht.

Hinweis:

Da Vitamin E und Eisen sich gegenseitig in ihrer Wirkung außer Kraft setzen, sollte man mit der Einnahme von Eisenpräparaten mindestens 2 Stunden warten.

Selen

Auch das Selen wird zu der Gruppe der Antioxidantien gezählt. Es ist Bestandteil des Enzyms Glutathionperoxidase und unterstützt den Körper bei der Entsorgung von Giften, die ansonsten unsere Körperzellen schädigen würden. Untersuchungen haben gezeigt: Personen, die unter Gelenkerkrankungen leiden, haben einen großen Mangel an Selen.

Selen ist ein äußerst vielseitiges Mineral und gehört nicht zuletzt deshalb zu den Entdeckungen der letzten Jahre: Es stärkt die Zellwände und hat gleichzeitig eine entgiftende Funktion - ein wichtiger Faktor für die Behandlung von Rheuma. Darüber hinaus mobilisiert auch das Selen - genauso wie das Vitamin C - das Immunsystem und wirkt so unterstützend bei der Therapie von infektiösen, entzündlichen Erkrankungen und Allergien.

Wichtig ist der Mineralstoff auch im Kampf gegen Zivilisationskrankheiten wie Herzleiden oder Krebs. So läßt es das Blut langsamer gerinnen und hemmt als Zellschutzmineral das Wachstum von Tumorzellen. Forschungen haben ergeben, daß die Dickdarmkrebsrate in Gegenden mit selenhaltigem Boden wesentlicher geringer ist als in anderen Gebieten.

Eine weitere Bedeutung hat Selen in Bezug auf die immer größer werdenden Umweltbelastungen. Es wirkt sogar gegen Vergiftungserscheinungen durch Schwefel und Schwermetalle.

Selen ist besonders in Fisch (Bückling, Hering, Thunfisch, Weizenkeimen und Steinpilzen enthalten. Da unsere Böden extrem selenarm sind, kann auch hier der Tagesbedarf (er liegt bei etwa 100 µg) kaum durch natürliche Lebensmittel gedeckt werden.

Kieselsäure

Kieselsäure (oder Silizium) besteht zu 98 Prozent aus Siliziumoxid. Dieses hält einerseits das Bindegewebe (Haut, Haare und Nägel) und damit den Körper in Form. Andererseits stärkt Kieselsäure auch die Bänder - das ist besonders für Rheuma-Formen von Bedeutung, bei denen die Weichteile wie Sehnen, Bindegewebe oder die Bandscheiben stark in Mitleidenschaft gezogen sind. Da die Kieselsäure so vielseitig einsetzbar ist, wird sie auch immer häufiger von Ärzten verordnet.

Kieselsäure kommt in der Natur relativ häufig vor. Leider sind siliziumhaltige Nahrungsmittel immer auch etwas härter. Dazu gehören Gemüse, Getreide und manche Mineralwässer. Der Tagesbedarf liegt bei 100 mg, der aus der Nahrung so kaum zu decken ist. Einfacher geht dies mit zwei Tabletten Lyco-Rheum täglich.

Bioflavonoide

Neben Biostoffen wie Vitaminen und Mineralien gibt es auch solche, die selbst keine Energie liefern. Man nennt sie aus diesem Grund sekundäre Pflanzenstoffe. So nutzlos, wie es zuerst scheinen mag, sind diese Biostoffe keineswegs - im Gegenteil: Laut einem Bericht der Deutschen Gesellschaft für Ernährung tragen sekundäre Pflanzenstoffe dazu bei, das Risiko für Zivilisationskrankheiten wie Krebs und Herz-Kreislauf-Leiden zu senken. Darüber hinaus stärken die Biostoffe das Immunsystem, schützen vor Infektionen durch Bakterien, Viren oder Pilze und senken den Cholesterinspiegel.

Pflanzliche Lebensmittel enthalten zwischen 5000 und 10 000 solcher sekundärer Pflanzenstoffe in geringen Mengen. Zu den Hauptgruppen gehören Carotinoide und Bioflavonoide, wie sie auch in Lyco Rheum enthalten sind.

Wissenschaftler glauben inzwischen, daß Vitamine und Mineralien erst in Kombination mit Flavonoiden ihre volle Wirkung entfalten. Die Biostoffe sind im Pflanzenreich sehr verbreitet. Sie verleihen Obst und Gemüse ihre Farbe. Ein bekanntes Beispiel sind rote Weintrauben, denen gerade wegen der Bioflavonoide eine gesundheitsfördernde Wirkung zugeschrieben wird. Für Obst und Gemüse selbst haben Farben noch eine andere Bedeutung: Sie fungieren als eine Art biologisches Sonnenschutzmittel. Untersuchungen haben gezeigt, daß zu Beispiel Salat am Ende eines Sommers etwa fünfmal soviel Biostoffe enthalten wie im Frühjahr.

Die Substanzen befinden sich vor allem in den Randschichten der Pflanze. Deshalb sollte man Obst und Gemüse zwar stets gut waschen, aber nach Möglichkeit nie schälen. Flavonoide gehen im Gegensatz zum wasserlöslichen Vitamin C beim Kochen nicht verloren. Weiterer Vorteil: Der Vitaminverlust wird durch die Biostoffe sogar wesentlich verzögert.

Besonders wertvoll sind daher Zitrusflavonoide, die auch in Lyco Rheum stecken. Diese wirken einerseits antibiotisch auf Bakterien, andererseits - das ist bei der

Behandlung von Rheuma sehr wichtig - hemmen sie den Stoffwechsel der Arachidonsäure. Dadurch werden Schmerz- und Entzündungsprozesse gelindert.

Eine weitere große Bedeutung liegt darin, daß Flavonoide auch in der Lage sind, überschießende Reaktionen des Immunsystems zu unterbinden. Dieses ist vor allem bei der chronischen Polyarthritis notwendig.

Die Farbe Rot und die Natur

Eine besondere Form von sekundären Pflanzenstoffen sind Carotinoide - natürliche Pigmente, die in vielen Bereichen der Natur vorkommen: Sie verleihen Wäldern ihre schöne Herbstfärbung und sind für die Farbenvielfalt der Blumen verantwortlich. Was noch wichtiger ist: Sie sind auch für die gelbe, orange und rote Farbe von Früchten und Gemüse verantwortlich. Selbst in dunkelgrünem Gemüse stecken Carotinoide, werden hier allerdings durch Chlorophyll überdeckt.

Es gibt verschiedene Carotinoide. Zu den häufigsten gehören Alpha- und Beta-Carotin, Lycopin, Lutein und Zeaxanthin. Von diesen gehört das Lykopin zu den neuesten Entdeckungen auf dem Gebiet der Bioforschung.

Wunderwaffe Tomate

Lycopin ist in Grapefruits, Wassermelone, Aprikosen und rotem Pfeffer, aber insbesondere in Tomaten zu finden und für dessen intensive rote Farbe verantwortlich. Die Biosubstanz bringt die Tomate nicht nur zum Leuchten, sie ist auch zugleich ihr wichtigster Inhaltsstoff mit erstaunlichem Wirkungspotential: Lycopin hat unter den

Carotinoiden eine besondere Struktur. Laufende Studien weisen darauf hin, daß Lycopin sogar ein größerer Radikalfänger ist als alle anderen Carotinoide. Wie der neu entdeckte Biostoff wirkt, ist zwar noch nicht genau bekannt. Man vermutet, daß Lycopin schneller als andere Substanzen Freie Radikale unschädlich macht. Es kann zwar nicht vom Körper in Vitamin A umgewandelt werden, besitzt jedoch die zweifache antioxidative Wirkung von Beta-Carotin!

Meldung:

Lycopin verringert Risiko für Prostatakrebs

Männer, die häufig lycopin-reiche Nahrungsmittel wie Tomaten, Grapefruits oder Wassermelonen essen, erkranken anscheinend seltener an Prostatakrebs. Zu diesem Ergebnis kamen Forscher der Harvard-Universität auf einer Tagung der Amerikanischen Krebsgesellschaft in Reston, Virginia. Die Testteilnehmer, die wenigstens zweimal pro Woche Nahrungsmittel mit einem hohen Lycopin-Anteil zu sich nahmen, konnten ihr Krebsrisiko um 34 Prozent verringern. Die Zahl der aggressiven Formen dieses Krebses verminderte sich sogar um die Hälfte. An Prostatakrebs sterben allein in Deutschland jährlich mehr als 10.000 Männer.

In zahlreichen Studien konnte nachgewiesen werden: Lycopin aktiviert den Zellstoffwechsel, schützt die Zellen nachhaltig vor Freien Radikalen, verringert das Risiko für Herzgefäßerkrankungen und unterdrückt außerdem das Krebszellenwachstum. Seinen Glanzauftritt hatte der Wirkstoff allerdings auf einem Internationalen Symposium der niederländischen Universität Leiden, das die Carotinoide und Ihre Wirkungen zum Inhalt hatte. In insgesamt 24 Studien wurde die gesundheitliche Wirkung der Tomate und insbesondere die des Lycopins bestätigt. Lycopin soll dabei nicht nur vor Krebs schützen, sondern außerdem die Ausweitung von Tumoren verhindern:

- Eine Untersuchung der Johns Hopkins Universität mit 26000 Freiwilligen zeigte, daß diejenigen mit dem höchsten Lycopinspiegel im Blut ein fünffach geringeres Risiko besitzen, an Bauchspeicheldrüsenkrebs zu erkranken.
- Eine weitere Studie an der Universität von Illinois ergab: Frauen mit dem höchsten Lycopingehalt im Körper haben ein ebenfalls fünffach geringeres Risiko, eine Vorstufe für Gebärmutterhalskrebs zu entwickeln.
- Lycopin schützt darüber hinaus vor Brust- und Unterleibskrebs. Zu diesem Ergebnis kamen gleich zwei Studien an der Ben-Gurion Universität und dem Medizinischen Zentrum von Soroka in Israel.

Diese überaus positive Wirkung haben sich jetzt Hersteller von Nahrungsergänzungsmitteln zunutze gemacht und z.B. mit Lyco Rheum ein Nahrungsergänzungsmittel entwickelt, welches das hochwirksame Lycopin enthält

Meldung:

Rheumatiker haben höheres Krebsrisiko

Menschen, die unter rheumatischer Arthritis leiden, haben möglicherweise ein höheres Risiko, an Krebs zu erkranken. Ein schwedisches Forscherteam um Eva Baecklund untersuchte 11.683 Patienten mit rheumatischer Arthritis. Von den Testpersonen entwickelten 42 ein sogenanntes Lymphom, eine Lymphknotenschwellung, aus dem ein Tumor entstehen kann. Zwar sind die genauen Ursachen noch nicht bekannt, ausgeschlossen wird jedenfalls, daß die Rheuma-Medikamente das Krebsrisiko erhöhen. Die Forscherin glaubt vielmehr, daß die Veränderungen des Immunsystems infolge des Rheumas eine Rolle spielen könnten.

Quelle: British Medical Journal, vol. 317, Bd. 7152

Im Gegensatz zu den wasserlöslichen Vitaminen C und E handelt es sich bei dem Biowirkstoff eine fettlösliche Substanz, die ihre volle Wirkung mit Wärme und etwas Fett entfaltet. Das wichtigste ist jedoch: Lycopin wird durch Verarbeitung nicht zerstört - im Gegenteil: Erst durch Weiterverarbeitung werden die harten Zellwände der Tomate aufgelöst, in denen sich die wichtige Substanz hauptsächlich befindet. Damit bekommen selbst Pizza und Pasta eine gesundheitliche Bedeutung.

Die gleiche Wirkung wird mit Lyco Rheum auf einfache Art erzielt. Das Lycopin in Lyco Rheum hat eine überaus große Bioverfügbarkeit. Oder anders ausgedrückt: Hier ist der Wirkstoff in konzentrierter Form so aufbereitet, daß der Körper die Substanz optimal verwerten kann.

Meldung:

Tomatenpaste enthält besser verwertbares Lycopin

In einem Versuch wurde die Verwertbarkeit des Lycopins durch frische Tomaten und durch Tomatenpaste überprüft. Dabei zeigte sich: Die Aufnahme des Lycopins aus der Tomatenpaste war um ein mehrfaches höher als beim frischen Gemüse. Vermutlich sind bei der Tomatenpaste die harten Zellstrukturen bereits so weit aufgelöst, daß der Biowirkstoff besser vom Körper aufgenommen werden kann.

Quelle: American Journal of Clinical Nutrition, vol. 66, 7/1997

Darüber hinaus enthält die Tagesdosis von 2 Tabletten Lyco Rheum bereits 2 mg Lycopin - eine Menge, wie sie auch in etwa 100 g Tomaten steckt. Dazu kommt: Im Winter sind im Gemüse wesentlich weniger Wirkstoffe enthalten als im Sommer. Mit einem Nahrungsergänzungsmittel wie Lyco Rheum können Sie Ihren Körper dagegen das ganze Jahr über gleichmäßig mit dem wichtigen Wirkstoff versorgen.

Allerdings ist auch bei gleichzeitiger Einnahme von Lyco Rheum eine Ernährung mit frischen Tomaten sinnvoll, da sich in ihr viele weitere wichtige und gesunde Inhaltsstoffe befinden.

WAS NOCH IN DER TOMATE STECKT:

B-Vitamine: Unter den in der Tomate enthaltenen B-Vitamine ragt besonders die Folsäure hervor. Sie schützt das Nervensystem und hilft bei der Verwertung von Eisen und Vitamin C. Wichtig ist Folsäure auch in den ersten Wochen einer Schwangerschaft, um einem offenen Rücken des Kindes vorzubeugen.

Vitamin C: Besonders in der Schale steckt viel von dem Abwehrvitamin. Wer sein Immunsystem stärken und seine Blutgefäßwände schützen möchte, sollte das Gemüse - nach gründlichem Waschen - möglichst samt Schale verzehren.

Tyramin: Tomaten enthalten reichlich Tyramin, das sich beim Reifen aus der Aminosäure Tyrosin bildet. Das wichtigste daran: Tyramin wirkt stimmungsaufhellend. Eine sehr reife Tomate ist also das ideale Mittel gegen miese Laune und Stimmungsschwankungen.

Chrom: Das Spurenelement ist vor allem für die Zucker- und Fettverwertung des Körpers von Bedeutung und hilft deshalb bei der Behandlung und Vorbeugung von Diabetes und Herzinfarkt.

Wer Tomaten nebenbei auch pur genießen möchte, sollte jedoch folgendes beachten: Möglichst frische Ware kaufen und rasch verbrauchen. Tomaten sollten nicht mit anderem Gemüse zusammen gelagert werden. Sie geben Äthylen ab, das zum Beispiel Gurken vergilben läßt und ihnen den Geschmack raubt. Im Gemüsefach des Kühlschranks halten Tomaten mehrere Tage frisch. Dann sollten Sie die Tomaten aber zwei Stunden vor dem Verzehr herausnehmen, damit sich das Aroma auch frei entfalten kann. Egal, ob Sie zu normalen, Kirsch-, Eier-, oder Fleischtomaten greifen: Essen Sie sie nur voll ausgereift. Unreifes, grünes Gemüse enthält Solanin, einen Giftstoff, der das Nervensystem schädigen kann. Übrigens: Tomaten schmecken nicht nur lecker, sondern sind auch besonders kalorienarm: 200 Gramm enthalten nur 35 kcal.

Meldung:

Carotinoide aus Tomaten am wirkungsvollsten

Eine Studie der Bundesforschungsanstalt für Ernährung in Karlsruhe hat ergeben: Bereits 1/3 Liter Tomaten- oder Karottensaft täglich verringert die Wirkung des „schlechten" LDL-Cholesterins und gleichzeitig DNA-Schädigungen. Außerdem wird das Immusystem stimuliert. Untersucht wurden 23 gesunde, männliche Nichtraucher im Alter zwischen 23 und 40 Jahren. Sie nahmen zwei Wochen lang täglich entweder 330 ml konzentriertem Tomatensaft, dann die gleiche Menge Karottensaft und schließlich zusätzlich Spinatpulver ein. Die größte Verbesserung der Blutwerte konnte nach dem Trinken des Tomatensafts festgestellt werden, die geringste beim Spinatpulver. Vermutet wird, daß die Carotinoide aus dem Tomatensaft (Lycopin) besser bioverfügbar sind, das heißt, besser vom Körper aufgenommen werden können.

Quelle: Ärzte Zeitung, 17.9.1997

LYCO-RHEUM und Fasten

Bei Rheuma besonders bewährt hat sich das Fasten. Dabei profitiert der Rheumatiker gleich mehrfach: Fasten entgiftet den von der Krankheit geschwächten Körper und führt zu einer Gewichtsabnahme (wobei letzteres nicht das Hauptmotiv sein sollte). Außerdem profitiert auch die Seele von dem zeitweisen Nahrungsverzicht.

An dieser Stelle ist es angebracht, mit einem weitverbreiteten Vorurteil aufzuräumen: So hat das Fasten, anders als viele denken, mit Hungern nichts zu tun. Hungern ist immer ein zwangsläufiger Nahrungsentzug. Beim Fasten wird dagegen freiwillig für die Dauer von mehreren Tagen bis Wochen lediglich auf feste Nahrung und energiereiche Getränke verzichtet.

Bezüglich der Fastendauer gibt es keine allgemeingültige Empfehlung. Das Fasten kann mehrere Tage und - nach Gesundheitszustand - bis zu zwei oder drei Wochen andauern.

Für den Rheumatiker ist es ratsam, zuerst - wie nachfolgend beschrieben - fünf Tage zu fasten und zu sehen, inwieweit sich die Symptome bessern. Eventuell kann man dann noch ein paar Tage dranhängen. Länger als 14 Tage sollte es beim ersten Mal jedoch nicht dauern.

Menschen, die regelmäßig fasten, berichten häufig, daß die Wirkung etwa ein halbes Jahr anhält. Demzufolge fasten sie zweimal im Jahr - meist im Frühling und im Herbst. Aber auch hier gibt es keine allgemeingültige Empfehlung. Der Rheumatiker sollte dabei jedoch vor allem Rücksicht auf seine Beschwerden nehmen. Das bedeutet, er sollte dann fasten, wenn er das Gefühl hat, daß es ihm jetzt guttun würde. Allerdings sollte er sich auch nicht gerade in einem schweren Schub befinden (s. a. Hinweis: Wann nicht gefastet werden sollte).

Fasten beruht auf einer uralten Tradition: Bereits im Alten Testament gab es Hinweise darauf, daß Rheumakranke zur Linderung ihrer Symptome regelmäßig fasteten. Und auch heute berichten viele Rheumatiker von der wohltuenden Wirkung regelmäßiger Fastenperioden. Die Patienten erleben oft eine überraschende Besserung ihrer Beschwerden.

Das läßt sich auch am Beispiel der chronischen Gelenksentzündung, die ja auf einer Störung des Abwehrsystems beruht, einfach erklären: Das Immunsystem hängt im wesentlichen von einer intakten Darmflora ab. Durch das Fasten werden Umwelt- und Nahrungsmittelgifte sowie Bakterien mit aus dem Körper geschwemmt - das Abwehrsystem wird spürbar entlastet.

Da bei allen rheumatischen Erkrankungen eine Verschlackung und Verblockung des Bindegewebes vorliegt, ist eine mehrtägige Fastenkur eine sinnvolle Maßnahme zusätzlich zur Einnahme der Lyco-Rheum-Tabletten. Übrigens: Aus medizinischer Sicht spricht nichts dagegen, die Einnahme von Lyco-Rheum mit einer Fasten-Kur zu kombinieren - im Gegenteil: Wegen der zunehmenden Sensibilität des Körpers können die Wirkstoffe noch besser wirken, als sie dies ohnehin schon tun.

Wichtig ist jedoch, die Ernährung nach dem Fasten dauerhaft umzustellen und sich zukünftig ausgewogen und möglichst fleischarm zu ernähren. Tut man dies nicht, machen sich die Beschwerden in der Regel bald unangenehm bemerkbar.

Wann nicht gefastet werden sollte:

- Wenn Sie unter schweren Gichtanfällen leiden. Da es während des Fastens zu einer Erhöhung der Harnsäurewerte kommt, sollten Sie entweder nicht oder unter Anleitung des Arztes fasten.
- Wenn es Ihnen allgemein derzeit sehr schlecht geht oder Sie nervös, überreizt oder deprimiert sind. Verlegen Sie die Fasten-Kur lieber zu einem Zeitpunkt, an dem es Ihnen besser geht.
- Wenn Sie zusätzlich unter einer Überfunktion der Schilddrüse, Tuberkulose, Krebs oder Magengeschwüren leiden oder Blutverdünnungsmittel (z. B. Marcumar) einnehmen müssen.
- Wenn Sie gerade eine Operation oder einen Unfall hinter sich haben.
- Wenn Sie schwanger sind oder stillen.

Die Warnhinweise sollen Sie keineswegs abschrecken, sondern sind nur Vorsichtsmaßnahmen. Für den Rheumatiker spricht ansonsten nichts gegen eine Fasten-Kur. Sollten Sie Angst oder sonstige Bedenken haben, ist es sinnvoll, sich einer Gruppe von Gleichgesinnten anzuschließen oder unter ärztlicher Anleitung zu fasten. Wichtig ist immer , daß Sie freiwillig fasten und dies nicht unter Zwang tun!

Worauf Sie während des Fastens achten sollten:

- ***Kreislauf***
  Vermeiden Sie abruptes Aufstehen am Morgen, ihr Kreislauf und die Muskeln funktionieren nicht wie gewohnt. Wenn Ihnen beim Aufstehen plötzlich schwindlig wird, setzen Sie sich zunächst langsam auf, bleiben einige Zeit auf dem Bettrand sitzen und stehen langsam auf. Anregend ist eine Wechseldusche oder eine Massage mit der Trockenbürste (immer zum Herzen hin streichen)
- ***kein Kaffee, Alkohol oder Nikotin***
  Während der Fastenzeit sollten Sie weder rauchen noch Alkohol trinken, weil dies den Kreislauf zusätzlich belastet und den Entgiftungsprozeß stört. Außerdem geraten Sie durch Genußgifte leichter in eine Fastenkrise. Trinken Sie anstelle von Kaffee leichten Schwarztee oder Matetee.

- ***Die Haut gut pflegen***
  Da die Haut während des Fastens schneller austrocknet als sonst, sollten Sie generell nach dem Trockenbürsten und nach dem Duschen eine gute Nährcreme oder ein leicht einziehendes pflanzliches Hautöl verwenden.
- ***Mundhygiene***
  Eine typische Begleiterscheinung des Fastens ist der fade Geschmack im Mund.
  Der Grund: Der Ausscheidungsprozess des Organismus findet nicht nur über den Darm, sondern auch im Mund statt. Dadurch kommt es leicht zu Ablagerungen an Zähnen, Zahnfleisch, Zunge und Gaumen. Häufiges Zähneputzen und milde Mundspülungen mit Pflanzenextrakten (z. B. Salbei) oder das Kauen von frischen Kräutern (Schnittlauch, Dill, Petersilie) sorgen rasch für Abhilfe.
- ***Für Wärme sorgen***
  Kalte Füße und Hände während der Fastenzeit sind eine häufige Begleiterscheinung. Sorgen Sie für warme Kleidung, reichlich Bewegung und warme Getränke. Wenn das nicht hilft: Nehmen Sie eine Wärmflasche oder machen Sie ein heißes Fußbad.

Die Fasten-Kur

Vorbereitung

Damit Ihre Fasten-Kur ein voller Erfolg wird, sollten Sie sich sehr gut vorbereiten. Dazu gehört vor allem die seelische Vorbereitung. Machen Sie sich bewußt, daß das Fasten zu einer Linderung der Beschwerden führen kann - aber nur, wenn Sie die Kur konsequent durchführen und dies auch wirklich wollen!

Zum anderen gehören zu der Vorbereitung auch die notwendigen Hilfs- und Lebensmittel.

Sie benötigen für eine Fasten-Kur folgende Hilfsmittel:

- Wärmflasche
- Einlaufset mit Darmrohr (Irrigator, Klistierspritze) und Zubehör (Apotheke) oder
- 40 g Glauber- oder 30 g Bittersalz für zwei Portionen (ebenfalls aus der Apotheke)

Für die Fastentage benötigen Sie folgende Lebensmittel:

- Ausreichend Obst, Gemüse und Salate oder 150 g Vollreis für den Entlastungstag
- 250 g geschroteten Leinsamen
- Gemüse und Gewürze für Brühe
- 1 Kiste Mineralwasser (kohlensäurearm oder -frei))
- Kräutertee (Malve, Rosmarin, Kamille, Melisse), Früchtetee (Hagebutte, Fenchel

oder Apfel), milden schwarzen Tee und bei niedrigem Blutdruck Ginseng-Tee

- 1,5 l Obstsaft (je nach Wunsch) und 1,5 l Gemüsesaft (auch alkoholfreie Frucht-cocktails oder spezielle Fastenmischungen)
- 1 Flasche Sauerkrautsaft
- 5 Zitronen

Darüber hinaus brauchen Sie für die Aufbautage:

- 500 g Äpfel
- Butter
- 1 Frischkäse
- 200 g Quark (20% Fett) oder Hüttenkäse
- 2 Joghurts
- 1 Packung Knäckebrot, Vollkorn- oder Leinsamenbrot
- 250 g Backpflaumen oder Feigen
- 1 Flasche Molke oder Sauerkrautsaft
- Salat, Karotten, Tomaten, Kartoffeln und Gewürze

Hinweis:

Die Lebensmittel, die Sie für die nach der Fastenkur folgenden Aufbautage benötigen, sollten Sie nach Möglichkeit erst am letzten Tag der Fasten-Kur besorgen.

Speiseplan

Morgens

2 Tassen Kräutertee (wahlweise), milden schwarzen Tee mit Zitrone oder Ginseng-Tee, mit 1/2 TL Honig gesüßt

Vormittags

1 l Mineralwasser mit etwas Zitrone

Mittags

1/3 l Gemüsebrühe (s. Rezepte) oder Gemüsesaft mit Wasser verdünnt

Nachmittags

2 Tassen Früchtetee (wahlweise), milden schwarzen Tee (bei Einschlafschwierigkeiten vor 16 Uhr) mit Zitrone oder Ginseng-Tee, mit 1/2 TL Honig gesüßt

Mittags

1/4 l Gemüsesuppe (Rezepte finden Sie im Anschluß an diesen Speiseplan

Abends

1/4 l Obst- oder Gemüsesaft (jeweils mit Mineralwasser verdünnt) oder Gemüsebrühe

Rezepte für das Mittagessen

(Angaben gelten für jeweils eine Person):

Kartoffel-Gemüse-Suppe

1/2 l Wasser
65 g Kartoffeln
1/8 Stange Lauch
etwas Petersilienwurzel
1/8 Knolle Sellerie
je 1/8 TL Kümmel
und Majoran
etwas Meersalz
Gemüsebrühe
frisch gem. Muskatnuß
1/2 TL Hefeflocken
4 TL frisch gehackte Petersilie

Zubereitung:

Gemüse und Kartoffeln sorgfältig abbürsten (nicht schälen), waschen und in kleine Würfel schneiden. In das kochende Wasser geben und zugedeckt etwa 10 bis 20 Minuten garen. Die Brühe abseihen, Gewürze zugeben, abschmecken und ggf. nachwürzen. Anschließend die Hefeflocken und Petersilie darüber streuen.

Tip:

Je nach Geschmack mit Dill, Basilikum oder Liebstöckel würzen.

Karottenbrühe

1/4 l Wasser
65 g Karotten
1/8 Stange Lauch
kl. Petersilienwurzel
1/8 Knolle Sellerie
etwas Meersalz
Gemüsebrühe
1 Pr. Frisch gem. Muskatnuß
1/2 TL Hefeflocken
1 TL frisch gehackte Petersilie

Zubereitung:
Die Karottenbrühe wird auf dieselbe Art zubereitet wie die Kartoffel -Gemüsesuppe.

Selleriebrühe

1/4 l Wasser
65 g Sellerieknolle
etwas Lauch und Karotte
etwas Majoran
Meersalz-Gemüsebrühe
1 Msp. frisch gem. Muskatnuß
1/2 TL Hefeflocken
1 TL frisch gehackte Petersilie

Zubereitung:
Die Selleriebrühe wird auf dieselbe Art zubereitet wie die Kartoffel -Gemüsesuppe.

Tomatenbrühe

1/4 l Wasser
150 g Tomaten
1 Knoblauchzehe
etwas Lauch, Sellerie und Karotte
etwas Meersalz
Gemüsebrühe
1 Msp. frisch gem. Muskatnuß
1/2 TL Hefeflocken
1/2 TL Oregano oder Majoran

Zubereitung:

Die Tomaten gut waschen, kleinschneiden, Stielansätze entfernen. Knoblauchzehe schälen und zusammen mit dem gewaschenen und ungeschälten Gemüse kleinschneiden. Tomaten, Knoblauch und Gemüse in kochendes Wasser geben und zugedeckt etwa 10 bis 20 Minuten garen. Die Brühe abseihen, würzen, abschmecken und die Hefeflocken darüber streuen.

Tip:

Etwas Tomatenmark und frisches Basilikum gibt ein besonders feines Aroma.

Entlastungstag (1. Fastentag)

In der Regel wird das Fasten durch einen Entlastungstag eingeleitet, den Sie je nach Ihrem Körpergewicht streng oder weniger streng gestalten können. Entlastungstag bedeutet: Anspannungen beseitigen, Organismus entlasten, schlechte Gewohnheiten zurückstecken (Kaffee-, Zigaretten- und Alkoholgenuß, Verzehr von Süßigkeiten) - also ausspannen und die Gesundheit pflegen. Der Entlastungstag kann für Sie als Rheumatiker entfallen, wenn Sie unter akuten Beschwerden leiden. Beginnen Sie dann gleich mit dem Programm für den ersten Tag.

Da Sie heute mit der Entleerung des Darms beginnen, sollten Sie an diesem Tag am besten zu Hause bleiben. Wer normalerweise keine Probleme mit seinem Stuhlgang hat, kann Buttermilch auf nüchternen Magen, ein Glas Sauerkrautsaft, oder Molke trinken. Bei Übergewicht oder häufig auftretender Verstopfung ist es meist besser, 40 g Glaubersalz in einem 3/4 1 Wasser aufzulösen (bei Normalgewichtigen reichen 30 g auf 0,5 1 Wasser). Geben Sie ein paar Spritzer Zitronensaft dazu. (Um den Salzgeschmack zu mildern, kann man gleichzeitig etwas Pfefferminztee dazu trinken.)Nach Einnahme des Glaubersalzes erfolgen mehrmals durchfallartige Stuhlentleerungen. Bei Bauchkneifen legen Sie sich am besten eine Wärmflasche auf den Leib, Durst stillen Sie mit Pfefferminztee oder Wasser. Wer einen empfindlichen Magen oder Darm hat, zu Bauchschmerzen neigt oder sehr schlank ist, sollte auf die Einnahme von Glaubersalz lieber verzichten und statt dessen einen Einlauf machen.

Am ersten Tag sollten Sie sich vor allem Erholung gönnen und größere Anstrengungen (dazu gehören auch heiße Bäder oder Saunabesuche) vermeiden. Nutzen Sie doch diesen Tag einmal ruhig für sich: zum Faulenzen, lesen Sie ein Buch oder machen Sie einen schönen Spaziergang

Achtung:

Frauen, die morgens die Pille einnehmen, sollten dies um mindestens drei Stunden verschieben. Grund: Glaubersalz kann zu einer vorzeitigen Entleerung des Magens führen, wodurch die Wirkung der Pille gefährdet wird.

2. Fastentag

Ihr Körper ist heute noch dabei, sich von der Verwertung der zugeführten Nahrung auf die Verwertung körpereigener Reserven umzustellen. Deshalb werden Sie wahrscheinlich nach dem Aufstehen Hunger verspüren. Trinken Sie dann am besten etwas Mineralwasser oder Buttermilch. Tauchen heute vorübergehend Übelkeit oder leichter Schwindel auf, ist das ganz normal: Während des Fastens sinkt der Blutdruck etwas. Abhilfe können Sie mit einer Wechseldusche oder einem Spaziergang.schaffen. Sollte Ihnen schwindelig sein, legen Sie sich kurz noch einmal hin und lagern die Beine hoch. Da die verspannten und verschlackten Muskeln gerade entwässern, kann es unter Umständen zu Schmerzen, Ziehen oder Unruhegefühlen in den Gelenken oder im Rücken kommen. Hier bringen warme Wickel Erleichterung.

Wenn die Krise kommt:

Möglicherweise werden Sie heute oder spätestens morgen einen „Hänger" haben. Zur Beruhigung: Fastenkrisen sind an sich schon normal. Bei Ihnen als Rheumatiker kommt hinzu, daß Sie durch die Krankheitsprozesse mit vielen Giften im Körper belastet sind. Das Ausscheiden der Gifte äußert sich dann nicht selten in der Stimmungslage. Mögliche Symptome sind auch Müdigkeit, Lustlosigkeit oder Zerschlagenheit.

Auch falls es zunächst zu einer Verschlimmerung der rheumatischen Symptome kommt, sollten Sie nicht beunruhigt sein und die Kur gleich abbrechen. Das ist ein natürlicher Vorgang, der auch aus der Homöopathie bekannt ist und meist schnell wieder verschwindet.

Nehmen sie mögliche Veränderungen als Zeichen dafür, daß sich im Körper etwas tut. Bekämpfen Sie diese Flauten zunächst durch bewußte Aktivitäten, verschaffen Sie sich leichte körperliche Bewegung - Spaziergänge helfen oft am besten. Bei starker Unruhe und Aufgewühltsein helfen kalte Ganzwaschungen oder Güsse, schnell wieder Ruhe und Schlaf zu finden. Auch mit Lockerungsübungen, Trockenbürsten und Wechselduschen lassen sich Fastenflauten aktiv überwinden. Und: Trinken Sie viel (ausnahmsweise auch 1 Glas Buttermilch, das Sie regelrecht kauen). Auch ein erneuter Einlauf beseitigt häufig die Stimmungskrise.

War alle Mühe umsonst, geben Sie der Flaute nach, und ruhen Sie sich aus. Brechen Sie das Fasten jedoch nach Möglichkeit nicht ab.

3. bis 5. Fastentag

Ab dem dritten Fastentag stellt sich meist eine Stabilisierung Ihres Körpers und Ihrer Psyche ein. Der Körper hat seine Umstellung abgeschlossen, Hungergefühle tauchen so gut wie überhaupt nicht mehr auf.

Der vierte und fünfte Fastentag verläuft in der Regel ebenso problemlos. Wenn Sie Lust auf sportliche Betätigung bekommen: Machen Sie das - aber nur solange, wie es Ihnen Spaß macht und Sie es nicht übertreiben.

Auch wenn Sie das Gefühl haben, daß Sie noch länger fasten könnten, sollten Sie die Kur nach dem ersten Mal jetzt abbrechen. Sie können Sie in ein paar Monaten wiederholen.

Literatur-Tips zum Thema Fasten:

- Dr. med. Rüdiger Dahlke: Bewußt fasten, Goldmann Verlag, 1996, DM 12,90
- H. Lützner: Wie neugeboren durch Fasten, Verlag Gräfe und Unzer, 1994, DM 19,80
- H. Lützner: Richtig essen nach dem Fasten, Verlag Gräfe und Unzer, München 1994, DM 19,80

Die Aufbautage

Vorbereitung

Nach den Fastentagen folgen die Aufbautage. Dabei geht es um eine langsame Umstellung des Organismus auf Nahrungsaufnahme und -verdauung. Der Grund liegt darin, daß die Produktion von Verdauungssäften nur mit einem schrittweisen Aufbau der organischen Funktionen wieder erfolgen kann.

Daher sollten Sie sich genau an den folgenden Stufenplan halten. Und bedenken Sie: Es macht wenig Sinn, ab sofort wieder wahllos Lebensmittel in sich hineinzustopfen. Zum einen kann es dadurch zu Kreislaufproblemen, Übelkeit und Erbrechen kommen. Zum anderen wäre der Erfolg, die Entgiftung des Körpers und eine mögliche Besserung Ihre Symptome, schnell wieder dahin.

Wie Sie gut durch die Aufbautage kommen:

- Es langsam angehen lassen:
  Auch am Beginn der Aufbautage kann es zu einem Leistungstief mit Schwächegefühl und Müdigkeit kommen, weil der Körper jetzt die meiste Energie für die Verdauungsarbeit benötigt. Gönnen Sie sich deshalb insbesondere nach den Mahlzeiten etwas Ruhe.
- Dem Organismus helfen:
  Besser in Schwung kommen Sie , wenn Sie Ihren Körper gezielt unterstützen. Sorgen Sie für viel Bewegung an der frischen Luft. Morgendliche Wechselduschen helfen außerdem Ihrem Kreislauf auf Trab.
- Ballaststoffreich ernähren:
  Ihre Darmfunktion sollte am zweiten oder dritten Tag nach dem Fasten wieder in Gang gekommen sein. Haben Sie dennoch Schwierigkeiten: Essen Sie zwischendurch

eingeweichte Backpflaumen oder Feigen, oder trinken Sie morgens vor dem Aufstehen ein Glas Wasser. Notfalls können Sie auch noch einmal einen kleinen Einlauf machen.

Speiseplan für die Aufbautage

1. Aufbautag:

Morgens

Kräuter- oder leichter schwarzer Tee

Mittags

Fastenbrechen mit einem Apfel (roh oder gedünstet)
1 Teller Kartoffel-Gemüse-Suppe
(siehe Rezepte)

Nachmittags

Früchtetee

Abends

Tomatenbrühe (siehe Rezepte)
Buttermilch mit 1 Teelöffel Leinsamen,
dazu 1 Scheibe Knäckebrot
Für den nächsten Tag 1 Feige oder
2 Backpflaumen über Nacht in Wasser einweichen.

2. Aufbautag

Morgens

1 Glas Molke oder Sauerkrautsaft,
Backpflaumen oder Feige,
50 g Kräuterquark, dazu 2 Scheiben Knäckebrot.

Vormittags

reichlich trinken (Mineralwasser).

Mittags

Pellkartoffeln mit Blattsalat und Möhrengemüse, 1 Joghurt mit Sanddornsaft und Leinsamen.

Nachmittags

reichlich trinken

Abends

Möhrenrohkost, Gemüse-Suppe, Dickmilch mit Leinsamen, dazu 1 Scheibe Knäckebrot

Der 3. Aufbautag

Jetzt ist die ideale Gelegenheit für einen Neubeginn mit einer ausgewogenen und fleischarmen Ernährung.

Sie können und sollten auch weiterhin die Lyco Rheum-Tabletten einnehmen, um den Körper in seiner gesunden Abwehrarbeit zu unterstützen. Möglicherweise wird Sich Ihre rheumatische Erkrankung bessern oder sogar ganz zum Stillstand kommen. Zumindest haben Sie eine große Chance, durch die Kombination Fasten, Ernährungsumstellung und Lyco Rheum einen Teil Ihrer Rheumamedikamente einsparen zu können.

Wichtig auch: Trinken Sie auch in Zukunft täglich 2 bis 3 1 Mineralwasser, ungesüßte Obstsäfte oder Tee (aber nach Möglichkeit keinen Alkohol). Dadurch helfen Sie Ihrem Körper, mit Entzündungen und giftigen Ablagerungen in den Gelenken wesentlich besser fertig zu werden.

Rheuma und BEWEGUNG

Wer unter Rheuma leidet, scheut oft Bewegung aus Angst vor Schmerzen. Das ist verständlich. Doch gezielte Bewegung ist ein wesentlicher Bestandteil der Langzeitbehandlung und gehört zu jeder Rheumatherapie. Gerade bei Rheuma gilt der Spruch: Wer rastet, der rostet.

Je eher regelmäßig und gezielt ein Bewegungsprogramm absolviert wird, desto besser ist die (auch vorbeugende) Wirkung. Sie sorgt dafür, daß die Sauerstoff- und Nährstoffversorgung verbessert wird. Dadurch kann beispielsweise der Knorpel erhalten bleiben, weil sich genügend Gelenkflüssigkeit bildet, die das Gelenk mit Nährstoffen versorgt. Außerdem können bereits bestehende Schmerzen gelindert, Gelenkversteifungen und Muskelschwund verhindert werden. Dadurch verbessert sich wiederum die Beweglichkeit und das Körpergefühl.

Bekannt ist auch, daß Sport Streß abbaut - für den Rheumatiker ein nicht unwesentlicher Faktor, da die Erkrankung Ihre Psyche besonders belasten kann. Und nicht zuletzt: Regelmäßige Bewegung hilft Übergewicht abzubauen.

Auch wenn es schwer fällt: Sie als Patient sollten immer selber etwas für Ihre Beweglichkeit tun!

Allerdings sollten Sie hierbei einige Punkte beachten:

So ist zunächst einmal Bewegung unter fachlicher Anleitung wichtig, damit Sie beispielsweise eine falsch angewöhnte Körperhaltung infolge der Beschwerden wieder korrigieren können. Durch gezielte Übungen können Sie wieder lernen, sich „richtig" zu bewegen.

Stichwort:

Bewegung und Osteoporose

Eine große Rolle spielt die regelmäßige Bewegung zur Behandlung oder Vorbeugung der Osteoporose - eine häufige Begleiterscheinung bei rheumatischen Erkrankungen. Gut, wenn Sie bereits in jungen Jahren Sport betrieben haben. Dann haben Sie sich wahrscheinlich ein gutes Polster für Ihr „Knochenkonto" zugelegt. (Die maximale Knochenmasse wird etwa bis zum 35. Lebensjahr erreicht.) Aber auch noch jetzt können Sie - neben einer kalziumreichen Ernährung - mit regelmäßiger Bewegung dem gefürchteten Knochenschwund vorbeugen oder etwaige Beschwerden lindern:

- Machen Sie regelmäßig leichte Gymnastik *(s. nachfolgende Hinweise).*

- Gehen Sie mehrmals in der Woche an der frischen Luft spazieren. Auch bei bedeckten Himmel kann der Körper über das Licht genügend Vitamin D aufnehmen, das er für starke Knochen benötigt.

- Schwimmen ist ein weiteres gutes Mittel, um Skelett und Knochen zu stärken. *(siehe hierzu auch nachfolgende Tips).*

Als Rheumatiker kann und sollte man selbst einiges für seine Beweglichkeit tun. Unterscheiden muß man dabei jedoch zwischen der Vorbeugung und der Behandlung von Beschwerden: Bei der Vorbeugung gelten meist keine Einschränkungen, bei Vorliegen einer rheumatischen Erkrankung müssen dagegen die genauen Umstände berücksichtigt werden. Im Einzelfall kann hier eine Therapie unter professioneller Hilfe notwendig sein. Aber auch dann kann man ergänzend, was die Bewegung betrifft, selbst einiges für sein Wohlbefinden tun.

Meldung:

Können schwache Muskeln Arthritis auslösen?

Schwache Muskeln in den Oberschenkeln könnten eine Ursache von Arthritis im Knie sein und nicht, wie man bisher glaubte, eine Folge. Zu diesem Schluß kam ein amerikanisches Forscherteam in Indiana. Die Forscher hatten über vierhundert ältere Personen untersucht; davon waren ein Drittel Arthritispatienten. Bei ihnen wiesen die Oberschenkelmuskeln im Verhältnis zum Körpergewicht durchschnittlich etwa ein Fünftel weniger Kraft auf - egal, ob die Patienten schmerzfrei waren oder nicht. Dadurch konnten die Patienten den Stoß auf die Kniegelenke nicht genügend abfedern. Erst durch eine kräftige Oberschenkelmuskulatur ist ein runder Bewegungsablauf möglich, der die Gelenke schont.

Quelle: Annals of Internal Medicine, vol. 127, 1997

Sport sollte Ihnen als Rheumatiker immer Spaß machen. Es bringt gar nichts, wenn Sie verbissen Ihr Programm durchziehen. Dadurch verkrampft man nur, und das schadet mehr, als es nutzt. Wenn Sie aber mit Freude an den Sport herangehen, profitiert auch Ihr Körper davon.

Deshalb: Tun Sie im Zweifelsfall lieber weniger, aber das dafür regelmäßig! Das bringt Ihnen in jedem Fall mehr, als ein anstrengendes Training einmal die Woche, und dem Rest der Woche passiert gar nichts. Nicht umsonst leiden Leistungssportler häufig unter Arthrose.

Außerdem sollten Sie ein wenig Geduld und Ausdauer mitbringen und nicht gleich wieder aufgeben. Meist stellen sich die ersten Erfolge bereits nach kurzer Zeit ein.

Allgemein gilt:

- Wärmen Sie sich vor dem Sport immer durch leichte Dehnübungen auf, oder laufen Sie auf der Stelle.
- Tragen Sie lockere und bequeme Kleidung, die Sie in der Bewegung nicht hindert.
- Trainieren Sie zunächst langsam mit steigender Belastung.

Sollte Sie trotzdem einmal ein Muskelkater plagen: Keine Panik. Einen bleibenden Schaden brauchen Sie als Rheumatiker nicht befürchten. Besonders zu Beginn eines noch ungewohnten Trainings kommt es häufig in der Muskulatur zu einer Ansammlung von Stoffwechselprodukten wie Milchsäure.

Für Rheumatiker sind besonders Sportarten geeignet, die die Beweglichkeit fördern, dabei jedoch die Gelenke nicht zu stark belasten.

Dazu gehören vor allen Dingen folgende Sportarten: Gymnastik, Schwimmen, Radfahren und Walking.

Gymnastik

Gymnastik ist grundsätzlich sehr günstig bei Rheuma und kann auf verschiedene Art und Weise durchgeführt werden:

- Als gezielte krankengymnastische Übungen (z. B. im Rahmen einer Einzeltherapie in einer Krankengymnastik-Praxis oder Spezial-Klinik
- Als Gruppenübungen (z. B. durch die Rheuma-Liga oder eine andere Selbsthilfegruppe)
- Als Eigenübungen zu Hause (am besten Übungen von einem Krankengymnasten zusammenstellen lassen)

Auch in Bezug auf Sinn und Zweck der Gymnastik gilt es zu unterscheiden. So gibt es

- Mobilisierende Übungen, die versuchen, die bereits vorhandene Einschränkung im Bewegungsablauf rückgängig zu machen
- Kräftigungsübungen der Muskulatur
- Konditionsaufbauübungen
- Koordinationsübungen

- Stabilisierende Übungen der Gelenke (um die Reibung in den Gelenken herabzusetzen)
- Haltungsaufbauübungen
- und Techniken zur Schmerzlinderung

Nachfolgend werden einige Übungen beschrieben, die sich allgemein zur Verbesserung der Beweglichkeit bewährt haben und die auch von der Deutschen Rheuma-Liga empfohlen werden. Die besten Ergebnisse können Sie erreichen wenn Sie täglich üben - am besten vor allem dann, wenn die Krankheit nicht so aktiv ist und die Schmerzen nicht so stark sind.. Bevor Sie jedoch mit der Gymnastik anfangen, sollten Sie folgende Regeln beachten:

- Halten Sie Dehnungen jeweils für etwa 30 Sekunden. Federn Sie dabei jedoch nie nach.
- Bei Muskelanspannungen gilt: Für etwa 8 bis 12 Sekunden halten.
- Jede Übung sollte mehrmals wiederholt werden.
- Halten Sie während einer Übung nie die Luft an, sondern atmen Sie während der Übungen gleichmäßig weiter.
- Und: Brechen Sie die Übungen ab, sobald Schmerzen auftreten! (Bei akuten Schüben lieber etwas schonen und mit dem Programm neu starten, sobald es Ihnen etwas besser geht.)

Wir haben die Übungen danach eingeteilt, daß Sie sich die Übungen nach dem Einsatz der Gelenke die durchbewegt werden sollen, aussuchen können

für die Ellbogengelenke:

1. Übung

- Setzen Sie sich bequem auf einen Stuhl. Die gebeugten Handflächen liegen dabei seitlich am Körper, die Handflächen zeigen nach oben.
- Drehen Sie nun die Handflächen nach unten, wobei der Daumen nach innen zeigt.

2. Übung

- Legen Sie die Hände mit den Daumen auf die Schultern (Ellbogen zeigen nach vorne).
- Nun die Hände nach vorn strecken, bis die Arme eine gerade Linie bilden.

Für die Schultergelenke:

1. Übung

- Setzen Sie sich bequem auf einen Stuhl.
- Strecken Sie den linken Arm gerade nach oben; der rechte Arm hängt dabei nach unten. (Hand flächen sind nach innen gerichtet.)
- Führen Sie jetzt den rechten Arm nach oben, indem sie den Ellbogen beugen. Der linke Arm hängt nun nach unten. Auch hier sind die Handflächen nach innen gerichtet

2. Übung

- Legen Sie im Sitzen die linke Hand auf den Kopf, anschließend die rechte.

3. Übung

- Rollen Sie im Sitzen mehrmals mit den Schul tern zuerst nach vorne, dann nach hinten.
- Wiederholen Sie die Übung, indem Sie mit den Schultern immer größere Kreise ziehen.

Für die Hüftgelenke:

1. Übung

- Stellen Sie sich locker hin (evtl. eine Hand an einer Wand oder einem Stuhl abstützen).
- Heben Sie zuerst das linke, dann das rechte Knie möglichst hoch.

2. Übung

- Stellen Sie sich mit einem Bein auf ein kleines Bänkchen oder ein großes Buch.
- Pendeln Sie nun mit dem anderen Bein vor und zurück, anschließend wechseln.

3. Übung

- Stellen Sie sich vor einen Hocker.
  Nun einen Fuß aufsetzen, dann wieder runter.
- Anschließend mit dem anderen Fuß wiederholen

Für die Kniegelenke:

1. Übung

- Setzen Sie sich auf einen Hocker; dabei an den Seiten festhalten.

- Mit den Beinen eine Waagerechte bilden und die Streckung einige Sekunden halten.

2. Übung

- Legen Sie die Hände als Stütze unter das Gesäß
- Abwechselnd die Unterschenkel pendeln lassen.

3. Übung

- Stellen Sie sich locker hin.
- Abwechselnd die linke und die rechte Ferse in Richtung Gesäß ziehen.

Wassergymnastik

Zu den besonders wirksamen Methoden gehören auch gymnastische Übungen in warmen Wasser. Der Vorteil: Warmes Wasser lockert die Muskulatur und verringert das Eigengewicht. Dadurch sind auch Übungen möglich, die im Trockenen nicht ausgeführt werden können. Die Wassergymnastik wird meist bei einer Temperatur von 28 bis 35 Grad Celsius durchgeführt.

Folgende Übungen werden ebenfalls von der deutschen Rheuma-Liga empfohlen:

1. Übung

Ziehen Sie sich in eine Ecke des Schwimmbeckens zuzurück. Lehnen Sie sich zurück und halten sich mit beiden Händen an Schwimmbeckenrand fest. Strecken Sie nun die Beine. Spreizen Sie sie auseinander. Dabei Fersen nach außen drehen. Nun die Beine wieder zusammenführen (die Fersen zeigen wieder leicht nach innen).

2. Übung

Bleiben Sie in der Rückenlage. Ziehen Sie beide Knie gleichzeitig zur linken Schulter. Dann Beine wieder zurückführen und anschließend zur rechten Seite anziehen.

3. Übung

Auch hier wieder die Rückenlage einnehmen. Schwingen Sie mit beiden Beinen gestreckt nach links und dann nach rechts. Dabei jeweils die Fersen zur äußeren Seite drehen.

4. Übung

Stellen Sie sich mit dem Gesicht zum Beckenrand. Halten Sie sich mit gestreckten Händen am Rand fest. Gehen Sie in den Zehenstand. Nun das linke Bein nach links abspreizen, dabei die Ferse nach außen drehen. Übung auf der anderen Seite wiederholen.

5. Übung

Gleiche Stellung. Schritt nach links und rechtes Bein nachziehen. Dann wieder zurück. Dasselbe nach rechts.

6. Übung

Stehen mit Rücken zur Wand. Linkes Bein anbeugen, Knie dabei nach innen und Ferse nach außen drehen. Dann das Bein strecken, gleichzeitig vor dem Standbein nach rechts überkreuzen und abstellen. Dieselbe Übung mit rechts.

7. Übung

Gleiche Stellung. Linkes Bein anbeugen. Knie dabei nach außen und Ferse nach innen drehen. Dann Bein strecken, gleichzeitig hinter dem Standbein nach rechts spreizen und abstellen. Dasselbe rechts.

8. Übung

Gleiche Stellung. Das linke Bein gestreckt abspreizen, Ferse dabei nach außen drehen. Dann vor dem. Standbein nach rechts überkreuzen und Ferse dabei nach außen drehen und abstellen. Dasselbe rechts

9. Übung

Gleiche Stellung. Linkes Bein gestreckt nach rechts hinter dem Standbein überkreuzen, Ferse dabei nach innen drehen. Dann nach links abspreizen. Ferse dabei nach außen drehen und abstellen. Dasselbe rechts

10. Übung

Bauchlage. Halt an der Stange. Durch Beugen und Strecken beider Arme Körper an ziehen und abstoßen. Dasselbe mit einem Arm.

11. Übung

Stehen mit Gesicht zur Wand. Leicht nach vorn geneigt. Schultern unter Wasser. Halt an der Stange mit gespreizten Armen. Linke Hand loslassen, im Ellbogen beugen und diesen gegen Brust führen, dabei Hand- und Fingergelenke beugen. Dasselbe rechts

12. Übung:

Gleiche Stellung. Halt an der Stange mit gestreckten Armen Hände nebeneinander. Linken Arm gestreckt zur linken Hüfte führen, dabei die Handfläche nach außen drehen. Daumen ans Gesäß. Dasselbe rechts.

13. Übung

Gleiche Stellung. Halt an der Stange mit gespreizten Armen. Linken Arm gestreckt zur rechten Hüfte führen, dabei die Handfläche nach innen drehen, Daumen an den Körper. Dasselbe rechts.

14. Übung

Liegestütz in niedrigem Wasser. Körper und Beine gestreckt. Mit den Händen zuerst nach links und dann nach rechts gehen. Die Füße bleiben am Ort.

Schwimmen

Für das Schwimmen gelten im Prinzip die gleichen Vorteile wie bei der bereits beschriebenen Wassergymnastik: Durch den Auftrieb im Wasser verringert sich die Belastung der Knochen und Gelenke, die im Trockenen sonst um ein Vielfaches höher ist. Weiterer Vorteil: Man ist vom Wetter unabhängig und kann deshalb den Sport regelmäßig ausüben.

Da Schwimmen die Muskulatur stärkt, ist es bei verschiedenen rheumatischen Erkrankungen zu empfehlen. Bei Morbus Bechterew wirkt es beispielsweise der vorzeitigen Versteifung der Wirbelsäule entgegen. Schwimmen kann in solchen Fällen auch als spezielle Bewegungstherapie in beheizten Schwimmbädern erfolgen.

Wer nicht unter Anleitung eines Therapeuten schwimmt, sollte folgendes beachten: Brustschwimmen ist insofern günstig, weil dadurch die großen Gliedmaßengelenke (Schulter, Ellenbogen, Hüften und Knie) gleichmäßig bewegt werden. Allerdings ist bei Erkrankungen der Wirbelsäule und der Bandscheibe Vorsicht geboten, weil hierbei der Rücken in eine Hohlstellung gerät. Bei diesen Schädigungen ist es sinnvoller, auf dem Rücken zu schwimmen. Generell sollte man auch ohne derartige Beschwerden öfter die Positionen im Wasser wechseln. Sie können das Schwimmtraining auch mit den bereits beschriebenen Wasserübungen verbinden.

Bevor Sie mit dem Training beginnen, sollten Sie folgende Punkte beachten:

- Schwimmen Sie nicht länger als 10 Minuten ohne Unterbrechung.
- Gehen Sie am besten 2-3 mal die Woche ins Schwimmbad.
- Ab der zweiten Woche können Sie das Pensum auf 15 Minuten steigern.
- Niemals mit vollem Magen ins Wasser (am besten nach dem Essen zwei Stunden warten).
- Besonderer Tip für Arthrose-Patienten: Heißes Duschen vor dem Schwimmen erhöht die Beweglichkeit der Gelenke.

Radfahren

Zur Vorbeugung von Arthrose ist Radfahren ein ideales Training, für das keine Einschränkung gilt. Es kräftigt Herz- und Kreislaufsystem. Außerdem werden Fuß- und Beingelenke entlastet, so daß diese Sportart auch für Menschen mit Gelenkproblemen und Übergewicht bestens geeignet ist.

Wichtig ist auch hier, es am Anfang nicht zu übertreiben und es langsam angehen zu lassen:

- Beginnen Sie mit einem 10minütigen Training zwei bis dreimal die Woche.
- Steigern Sie dann ab der zweiten oder dritten Woche Ihr Pensum auf 15-20 Minuten.

Worauf Sie als Rheumatiker zusätzlich achten sollten:

- Um zusätzliche Fehlbelastungen der Wirbelsäule zu vermeiden, sollten Sie ein Fahrrad wählen, auf dem Sie mit möglichst geradem Rücken sitzen können - wie zum Beispiel bei einem Hollandrad.
- Der Sattel sollte so hoch eingestellt sein, daß Sie die Beine beim Treten nicht ganz durchstrecken. Am besten Höheneinstellungen vom Fachmann ausführen lassen
- Hilfreich ist auch ein gefederter Sattel (evtl. zusätzlich mit einem Gelkernpolster), der harte Stöße abfedert.
- Bei Problemen mit den Kniegelenken: Meiden Sie starke Steigungen und wählen sie im Zweifelsfall lieber den niedrigeren Gang.

Walking

Auch Laufen ist ein gutes Training für Rheumatiker, wobei mit Laufen hier nicht das Joggen gemeint ist. Dieses ist wegen der hohen mechanischen Belastung auf Knochen und Gelenke eher schädlich.

Schonender und äußerst wirksam ist Walking, das in den USA als Breitensport entwickelt wurde. Walking bedeutet so viel wie „schnelles Gehen". Es trainiert den Körper besser als einfaches Spazierengehen, birgt aber im Vergleich zum Jogging wesentlich weniger Verletzungsrisiken. Außerdem belastet es die Gelenke kaum. Da bei jedem Schritt auch die Arme kräftig mit bewegt werden, wird ein gleichmäßiger Trainingseffekt erzielt.

Hier die Tips, wenn Sie mit dem Walking beginnen:

- Optimal ist ein Training von 3-4 mal à 30 Minuten in der Woche, wobei Sie mit etwa 100 Schritten pro Minute starten sollten.
- Ab der zweiten oder dritten Woche können Sie die Schrittfolge auf 130 erhöhen.
- Kontrollieren Sie regelmäßig Ihren Puls. Als Faustregel gilt: 180 - Lebensalter (z. B. bei einem 50jährigen: 180-50=130).
- Trainieren Sie nicht an allzu heißen Tagen, da es Ihren Organismus zusätzlich belastet.
- Ein guter Schuh ist Pflicht: Er sollte genügend Seitenhalt bieten und gleichzeitig gut abfedern.
- Bei erheblichen Funktionsstörungen mit Schmerzen und Bewegungseinschränkungen - besonders bei Hüft- und Kniegelenksarthro sen - können Puffereinsätze oder Gelkissen für die Schuhe vor Stößen beim Gehen wei terhin schützen.
- Besser ist allerdings, von vornherein auf weichem Boden zu „walken".

Walking ist grundsätzlich für jedes Alter geeignet. Sollte das schnelle Gehen Ihnen jedoch aufgrund Ihrer Erkrankung Schwierigkeiten bereiten, ist häufiges Spazierengehen eine gute Alternative. Auch damit läßt sich Beweglichkeit positiv beeinflussen. Zudem kann der Körper durch das Tageslicht knochenstärkendes Vitamin D aufnehmen. Dazu reicht schon ein Gang von 15 Minuten täglich - selbst im Winter oder bei bedecktem Himmel.

WAS SONST NOCH HILFT

Wer von einer chronischen Erkrankung wie Rheuma betroffen ist, für den verändert sich der gesamte Alltag - schon allein deswegen, weil man durch die Schmerzen immer an das Leiden erinnert wird. Auch wenn es schwerfällt: Man sollte sein Leiden nicht passiv hinnehmen. Es gibt mehrere Möglichkeiten, dem Schicksal „Rheuma" ein Schnippchen zu schlagen.

Physikalische Therapie

Als besonders wirksam für die Behandlung der rheumatischen Beschwerden hat sich die physikalische Therapie erwiesen. Physikalisch heißt sie deshalb, weil die Anwendungen auf den Körper direkt einwirken und meßbar sind. Neben den bereits beschriebenen (krankengymnastischen) Übungen im Wasser gehören dazu: Wärme-, Kälte-, Licht-, und Luftanwendungen, Bäder, (Fango-)Packungen, Massagen und die Elektrotherapie.

Die Behandlungsformen müssen sehr sorgfältig auf die jeweilige Erkrankung und den Patienten selbst abgestimmt werden, zumal sie nicht in jeder Phase gleich verträglich sind. Dabei sollen vor allem Schmerzen und Entzündungen gelindert werden. Wichtig ist außerdem die Lockerung der Muskulatur und die Förderung der Durchblutung.

Besonders Kälte- und Wärmebehandlungen haben sich als begleitende Therapien bei Rheuma bewährt.

Grundsätzlich kann man sagen, daß Kälte eher bei entzündlichen Prozessen eingesetzt werden sollte und Wärme eher bei den verschleißbedingten Beschwerden. Doch nicht immer ist Wärme das Mittel erster Wahl. Gerade im akuten Krankheitstadium kann Kälte weitaus günstiger sein, weil sie eine schmerzstillende und abschwellende Wirkung besitzt. Es gibt verschiedene Möglichkeiten für Kälteanwendungen: Dazu gehören Eispackungen und -kompressen, außerdem spezielle Behandlungen mit Kaltblasgeräten und in Kältekammern. Letztere kommen vor allem in speziellen Rheuma-Kliniken zum Einsatz.

Ein paar einfache Methoden der physikalischen Therapie können vom Rheumapatienten auch gut zu Hause angewendet werden

- So läßt sich die Morgensteifigkeit unter der warmen Dusche lockern und zeitlich verkürzen.
- Entzündete Gelenke kann man einfach und gezielt mit einem Eisbeutel behandeln. Allerdings sollten fertige Kühlpackungen wegen möglicher Hautschäden vorsichtig angewendet werden.(Am besten in ein Tuch einwickeln, bevor sie aufgelegt werden)

Am besten lassen Sie sich Möglichkeiten zur Selbstbehandlung vorher von einem Arzt oder Physiotherapeuten zeigen.

Ergotherapie

Mit dem Fortschreiten einer rheumatischen Erkrankung sind fast immer Bewegungseinschränkungen verbunden, die nicht selten zu Fehlhaltungen führen. Ziel der Ergotherapie ist die Korrektur veränderter Bewegungsabläufe und das Wiedererreichen der dadurch verloren gegangenen Funktionen. Im Vordergrund steht hierbei stets der Schutz der erkrankten Gelenke.

Zu Beginn jeder ergotherapeutischen Behandlung wird der Zustand des Patienten genau überprüft und danach ein spezielles, individuelles Programm zusammengestellt. Die Bereitschaft des Patienten zur aktiven Mitarbeit ist dabei unentbehrlich.

Die Ergotherapie ist auch noch aus einem anderen Grund wichtig: So ist es für die meisten Betroffenen von großer Bedeutung, unabhängig von fremder Hilfe im Alltag zu sein. Deshalb kommt ein Ergotherapeut auf Wunsch auch ins Haus oder an den Arbeitsplatz und zeigt dort Techniken und Tricks, die die erkrankten Gelenke entlasten. Beispiel: So sollte man eine Tasse nicht mit Daumen und Zeigefinger nur am Henkel fassen, sondern sie mit der ganzen Hand umfassen.

Bei jedem Handgriff geht es darum, so schonend wie möglich mit den Gelenken umzugehen und die Belastung auf möglichst viele Gelenke zu verteilen. Dabei können auch spezielle Schienen für die Hände helfen.

Mittlerweile gibt es eine ganze Reihe von technischen Hilfsmitteln - angefangen von speziellen Kugelschreibern bis hin zu Wanneneinsätzen. Hier gilt jedoch immer der Grundsatz: Soviel wie nötig, aber so wenig wie möglich. Da außerdem nicht alle im Handel angebotenen Accessoires wirklich eine Hilfe darstellen, sollte man sich im Zweifelsfall an eine örtliche Rheuma-Klinik oder die Deutsche Rheuma-Liga wenden (Adressen im Anhang).

Entspannung

Ein wichtiger Bereich in der Behandlung von Rheumaerkrankungen ist die regelmäßige Entspannung. Sie trägt einerseits dazu bei, gelassener mit der rheumatischen Erkrankung umzugehen; andererseits hilft sie auch direkt: So weiß man aus der Schmerzforschung, daß gezielte und regelmäßige Entspannung auch Schmerzen lindern kann. Es gibt inzwischen eine große Anzahl psychologischer Schmerztherapeuten, die zusammen mit dem Patienten Wege erarbeiten, wie sie besser mit Schmerzen umgehen können. Positiver Nebeneffekt: In vielen Fällen kann dadurch auf einen Teil der Schmerzmittel verzichtet werden, die - wie bereits ausführlich erläutert wurde - häufig Nebenwirkungen und Organschädigungen zur Folge haben.

Bei der Entspannung spielt die Atmung eine sehr große Rolle, da diese sich bei jedem Schmerzerleben verändert. Wichtig für den Rheumakranken ist deshalb ein Training, bei dem das richtige Atmen (die sogenannte Vollatmung) erlernt wird. Zusätzlich können auch innere Bilder das Schmerzerleben beeinflussen. Die Methode des Autogenen Trainings hat sich bei Rheuma besonders bewährt.

Eine Patentlösung gibt es allerdings nicht. Jeder reagiert nun einmal anders. Am besten, man probiert verschiedene Entspannungsmethoden aus und bleibt schließlich bei derjenigen, die ihm besonders gut tut.

Ansonsten gilt: Gönnen Sie sich besonders während der Entzündungsschübe Ruhe und Erholung. Wer ständig unter „Strom" steht, wird auf Dauer angespannt und verkrampft, und Schmerzen machen sich viel stärker bemerkbar.

Hinweis:

Zur Schmerzbewältigung wird immer häufiger auch die Akupunktur eingesetzt. Dies ist auch bei Rheuma möglich und sinnvoll - mit einigen Einschränkungen: Große Erfolge mit der chinesischen Nadelkunst können bei chronischen rheumatischen Beschwerden und insbesondere beim Weichteilrheuma erzielt werden. Bei entzündlichen Gelenkerkrankungen wirkt die Methode nicht. Und bei akuten Schüben ist sie sogar gefährlich, da sich die Entzündung durch die Behandlung verschlimmern kann.

In der Regel sind 10 bis 12 Sitzungen à 30 Minuten notwendig, um eine nachhaltige Linderung zu erzielen. Akupunktur kann Rheuma nicht vorbeugen oder die Erkrankung zum Stillstand bringen, sondern eignet sich vor allem als begleitende Maßnahme. Bevor Sie sich der Behandlung unterziehen, fragen Sie bei Ihrer Krankenkasse nach, ob sie sich an den Kosten beteiligt.

Weitere Faktoren

Ein wichtiger Teil der Hilfen ist durch den Bereich Ergotherapie bereits abgedeckt worden. Dennoch soll an dieser Stelle noch auf einige weitere Faktoren hingewiesen werden, da sie nicht erst bei der Behandlung, sondern auch bei der Vorbeugung von rheumatischen Beschwerden von Bedeutung sind.

Die richtige Kleidung

Die Kleidung soll den Körper vor Kälte, Nässe, Wind und anderen negativen Einflüssen schützen. Bei Rheumatikern oder rheumagefährdeten Personen spielt die Auswahl der richtigen Kleidung eine große Rolle. So ist wichtig, die Knochen, Muskulatur und Gelenke warm zu halten, gleichzeitig muß ein ständiges Schwitzen - zu dem der Rheumatiker ohnehin leicht neigt - verhindert werden.

Günstig sind wärmeisolierende Textilien, die - wie gekräuselte Chemiefasern - Luftkammern enthalten. Sie schützen einerseits vor Auskühlung und Nässe, geben aber auch Feuchtigkeit nach außen ab. Eine natürliche Alternative ist Wolle - nicht zuletzt wegen seiner warmhaltenden Wirkung. Wer rheumagefährdet ist, sollte deshalb häufig Wollsocken tragen.

Auch bei der Auswahl der Schuhe gibt es einiges zu beachten. Ein schlechtes Schuhwerk kann die gesamte Statik des Menschen stören und zu einer ungünstigen Belastung der Gelenke führen. Achten Sie deshalb beim Kauf besonders auf gute Qualität. Der Schuh sollte bequem sitzen und trotzdem genügend Halt bieten.

Gummisohlen federn die Belastung besser ab als harte Synthetik- oder Ledersohlen und schützen außerdem vor Nässe und Kälte. Wenn Sie Einlagen tragen: Am besten lassen Sie sich diese individuell durch einen Orthopädiemechaniker anfertigen.

Frauen sollten übrigens nur in Ausnahmefällen hochhackige Schuhe tragen, weil dadurch der Rücken in eine unnatürliche Hohlkreuzstellung gerät, was Kreuzschmerzen fördern kann.

Das richtige Raumklima

Die wenigsten Betroffenen denken daran, doch das richtige Raumklima ist ebenfalls wichtig - nicht zuletzt deshalb, weil viele Rheumatiker wegen der zunehmenden Bewegungseinschränkungen viel Zeit in den eigenen vier Wänden verbringen.

Hierbei gelten ein paar einfache Regeln: Die relative Luftfeuchtigkeit sollte zwischen 40 und 50 Prozent liegen (mit einem Hygrometer messen und evtl. Luftfeuchtigkeit durch Verdampfer erhöhen). Niedrigere Werte erhöhen das Risiko für Atemwegserkrankungen wie Katarrhe der oberen Luftwege; bei höherer Luftfeuchtigkeit kommt es leicht zu Hitzestauungen mit plötzlicher Abkühlung, sobald der Rheumatiker den Raum verläßt oder nach draußen geht. Die plötzliche Abkühlung kann zu Muskelverkrampfungen führen und dadurch auch zu einer zeitweisen Verschlimmerung der Beschwerden führen. Auch Durchzug ist schädlich, vor allem, wenn die belasteten Gelenke der Luft ungeschützt ausgesetzt sind.

Als ideale Wohnraumtemperatur gelten Werte von 21 bis 23 Grad Celsius. Bei stehenden Tätigkeiten sollte die Temperatur 17 bis 20 Grad betragen. Generell gilt jedoch: So oft wie möglich (aber gut angezogen) nach draußen gehen, um den Körper abzuhärten.

Richtig, Liegen, Stehen

Sitzen ist weit weniger ermüdend und anstrengend als Stehen. Außerdem bleiben so Blut und Gewebeflüssigkeit weniger in den Beinen liegen. Auf der anderen Seite fördert langes Sitzen die Erschlaffung der Bauchmuskulatur und die Entwicklung eines Rundrückens.

Wichtig für denjenigen, der Rückenprobleme vorbeugen oder verringern will: Die Rückenlehne sollte die Wirbelsäule besonders im unteren Lendenwirbelbereich stützen, damit sich die Muskulatur des Rückens ganz entspannen kann.

Die Sitzfläche soll idealerweise eine Neigung von 20 bis 26 Grad haben. Dadurch wird eine natürliche Haltung des Rückens gefördert. Außerdem kann man so leichter aufstehen. Die Sitzhöhe soll an der Vorderkante zwischen 39 und 41 cm und die Sitztiefe zwischen 47 und 48 cm liegen.

Ruhesessel sollen zwar gut gepolstert sein, aber bei Belastung lediglich um 6 bis 10 cm einsinken. Für Menschen, deren Beweglichkeit aufgrund rheumatischer Beschwerden stark eingeschränkt sind, können Sessel mit einer speziellen Aufstehhilfe sinnvoll sein.

Für die Entspannung im Liegen ist die Matratze

äußerst wichtig. Immerhin verbringen wir etwa ein Drittel unseres Lebens im Bett - oft, ohne daran zu denken, daß auch unsere Wirbelsäule in der Nacht Erholung braucht. Die Matratze sollte zwar einen gewissen Liegekomfort bieten, aber trotzdem den Körper in verschiedenen Lagen genügend abstützen. Federkernmatratzen mit einem weichem Kern eignen sich besonders gut für Menschen mit Polyarthritis, weil sie ein bequemes und schmerzarmes Liegen ermöglichen, zumal sie auf jedes flache Unterteil gelegt werden können.

Hartes Liegen wird dagegen eher für Rückenkranke empfohlen. Allerdings sollte auch hier auf eine gewisse Anpassungsfähigkeit der Matratze geachtet werden Für hartes Liegen eignen sich Roßhaarmatratzen, Polyäthermatratzen und Federkernmatratzen mit hartem Kern..

Ein weiterer wichtiger Punkt ist die Wärmehaltung der Matratze. Im Ruhezustand produzieren wir weniger Wärme. Andererseits kommt es aber zwischen Körper und Matratze zu einer Wärmestauung, der eine vermehrte Transpiration und Schweißabgabe bewirkt. Damit der Körper nicht feucht liegt, muß die Transpiration von der Unterlage abgefangen werden. Eine gute Schurwollauflage wärmt und absorbiert gleichzeitig Feuchtigkeit.

Tip:

Vorsicht vor speziellen Rheumaauflagen, die zudem elektrostatische Aufladungen abhalten sollen. Ihre Wirkung ist mehr als umstritten; außerdem sind sie in der Regel um einiges teurer als normale Auflagen.

Um rheumatischen Beschwerden vorzubeugen und diese nicht noch weiter zu verschlimmern, ist auch die richtige Körperhaltung wichtig. Als Rheumatiker geht es darum, das Gewicht gleichmäßig auf beide Beine zu verteilen, um einzelne Gelenke nicht mehr als nötig zu belasten (am besten Knie dabei leicht beugen und nicht nach hinten lehnen). Ideal ist, so oft wie möglich auf weichem Untergrund zu laufen. Beim Treppensteigen hilft es dagegen schon, zwei kleine Schritte anstelle eines großen zu machen.

Zusätzlich empfiehlt sich ein Training, bei dem das richtige Heben und Tragen von Lasten gelernt wird. Je nach Art und Ausmaß der Erkrankung gelten auch für den Rheumatiker die Empfehlungen der Rückenschule (Kurse und Infos gibt es bei Krankenkassen oder der Volkshochschule). Die wichtigste Regel dabei lautet: Lasten immer mit geradem Rücken und gebeugten Knien so nahe wie möglich am Körper tragen. Messungen haben ergeben: Beim Heben eines Kasten Biers sinkt der Druck auf „nur" 17 bar, während die Belastung bei rundem Rücken etwa 23 bar beträgt.

RHEUMA von A bis Z

Arthrose

Gehört zu den degenerativen (verschleißbedingten) Rheumaerkrankungen. Hierbei kommt es aufgrund von Alter oder Über- und Fehlbelastungen zu Verschleiß oder Abbau der Knorpelmasse. Oft sind Hüft-, Knie- oder Fingergelenke betroffen. Erste Anzeichen sind Steifheit oder Spannungsgefühl nach längerer Ruhepause, später immer stärkere Schmerzen mit zunehmender Einschränkung der Beweglichkeit. Durch Aufeinanderreiben der Knorpelteile kann es auch zu einer Entzündung der Gelenkinnenhaut kommen.

Basismedikamente

Auch langwirksame Antirheumatika genannt, weil sie erst nach längerer Einnahme Wirkung zeigen. Zu den Basismedikamenten gehören unter anderem Goldpräparate und das Methotrexat, das häufig bei chronischer Polyarthritis verordnet wird. Mögliche Nebenwirkungen der Antirheumatika reichen bei längerer Einnahme von Übelkeit bis hin zu Leber- und Nierenschädigungen.

Cortison

Künstlich hergestelltes Hormon der Nebennierenrinde. Wirkt entzündungshemmend und immunsuppressiv (unterdrückend), das Stärkste aller Rheumamittel, wegen seiner Nebenwirkungen umstritten. Dazu gehören Störungen des Zuckerwechsels, Immunschwäche, Gewichtszunahme, Wasseransammlungen und Bluthochdruck. Außerdem erhöht es das Risiko für Osteoporose (Knochenschwund).

Chronische Polyarthritis

Auch rheumatoide Arthritis genannt. Chronische Erkrankung, bei der meist mehrere (poly = viele) Gelenke betroffen sind. Fast immer schleichender Beginn mit Beschwerden an nur einem oder wenigen Gelenken, die sich später ausweiten und die Bewegung zunehmend einschränken. Typische Symptome sind morgendliche Steifheit, Bewegungs- und Druckschmerzen, meist an Hand-, Finger-, Fuß- oder Zehengelenken. Ursache ist wahrscheinlich ein Fehler des Immunsystems.

Fibromyalgie

Muskelrheuma mit Schmerzen am ganzen Körper. Gehört zum Weichteilrheuma. Neben mechanischen Faktoren spielen vermutlich auch psychosomatische Gründe eine Rolle.

Gicht

Im eigentlichen Sinne eine Stoffwechselerkrankung. Einzige Rheumaform, deren Ursachen genau bekannt sind. Sie entsteht, wenn der Körper die in den Nieren gebildete Harnsäure nicht genügend ausscheiden kann. Neben erblichen Faktoren und Begleiterkrankungen sind vor allem falsche Ernährungsgewohnheiten die

Ursache. Meist sind die Zehen-, Sprung-, Knie-, Hand- und Ellbogengelenke betroffen, auch erkennbar an ihrer Verformung. Gichtanfälle können tage- oder wochenlang anhalten und treten bevorzugt in der Nacht auf. Gicht gilt als Risikofaktor für Arteriosklerose.

▶ Immunsuppressiva

Gruppe von Medikamenten, die das Immunsystem blockieren. Werden besonders häufig bei starken Entzündungen eingesetzt. Zu den Immunsuppressiva gehört auch das Cortison.

▶ Juvenile Arthritis

Chronisch entzündliche Rheumaform, die wegen ihrer verschiedenen Formen (z.B. Stillsyndrom beim Kleinkind) schwer zu diagnostizieren ist. Meist schleichender Beginn mit Fieber, Blässe oder Unwohlsein, später Gelenkschwellung, Schonhaltungen und Morgensteifigkeit. Oft mit Organbeteiligung (z.B. der Augen). Spätfolge kann ein vermindertes Wachstum sein.

▶ Morbus Bechterew

Chronisch entzündliche Erkrankung der Wirbelsäule, bei der die Wirbel nach und nach zusammenwachsen und versteifen. Typisch ist die nach vorn gebeugte Haltung. Mögliche Symptome sind vor allem tiefsitzende Rückenschmerzen in den frühen Morgenstunden, die in die Beine ausstrahlen und bei Bewegung nachlassen. Wahrscheinliche Ursache ist ein Defekt im Immunsystem, bei dem das Erbmerkmal HLA-B27 eine große Rolle spielt.

Nicht-steroidale Antirheumatika (NSAR)

Gruppe von schmerz- und entzündungshemmenden Medikamenten, die nicht wie das Cortison zu den Steroiden (Hormonen) gehört. NSAR wirken dezentral im beteiligten Gewebe und nicht zentral im Gehirn. Häufig mit Nebenwirkungen verbunden, angefangen von Übelkeit, Schmerzen im Oberbauch, Völlegefühl, Aufstoßen bis hin zu Magengeschwüren.

Osteoporose

Im Volksmund auch Knochenschwund genannt. Häufigste Komplikation Rheuma-Betroffener, besonders bei Bewegungsmangel und Medikamenteneinnahme von Cortison und Immunsuppressiva.

Psoriasis-Arthritis

Entzündliche Gelenkerkrankung, die gemeinsam mit einer Schuppenflechte (Psoriasis) auftritt. Häufig sind Fingermittel- und Fingerendgelenke betroffen. Typisch ist der gleichmäßige Befall. Die P.-A. ist schwierig zu diagnostisieren und wird oft mit der chronischen Polyarthritis verwechselt.

Rheuma

ist keine einzelne Erkrankung, sondern ein Sammelbegriff für 450 verschiedene Rheumaformen mit zum Teil ungeklärter Ursache. Gemeinsam sind allen Formen die starken Schmerzen im Bewegungs- und Stützapparat. Man unterscheidet entzündliche und degenerative (verschleißbedingte) Rheumaformen, Weichteilrheuma und Gicht.

Rheumafaktor

Eiweiß-Antikörper, der sich bei 2/3 aller Rheumakranken im Blut nachweisen läßt. Bei manchen Rheumaerkrankungen wie der seronegativen Form fehlt er jedoch völlig.

Weichteilrheuma

Rheumaform, bei der die nicht-knöchernen Anteile des Bewegungs- und Stützapparates betroffen sind: Bindegewebe, Muskeln, Bänder, Sehnen, Nerven und Gefäße. Man unterscheidet entzündliche und nicht-entzündliche Formen. Symptom ist vor allem ein starkes Brennen in den beteiligten Weichteilen, das bei Bewegung stärker wird. W.-Rheuma kann begleitend zu einer Gelenk- und Wirbelsäulenentzündung oder infolge von mechanischer Überbelastung entstehen.

Adressen

Für Rheuma-Betroffene gibt es eine Reihe von Hilfs- und Selbsthilfe-Organisationen. Die bekannteste ist die Deutsche Rheuma-Liga. Hier bekommen Sie Auskünfte, Informationsmaterial, praktische Hilfe und psychologische Unterstützung rund um das Thema Rheuma.. Nachfolgend finden Sie Anschriften der 16 Landesverbände nach Postleitzahlen geordnet.

Bundesgeschäftsstelle:

Deutsche Rheuma-Liga Bundesverband e.V.,
Rheinallee 69, 53173 Bonn
Tel. 0228/9 57 50 0, Fax 0228/9 57 50 20

Landesverbände:

Deutsche Rheuma-Liga, Brandenburg e.V., (AOK)
Friedrich-Ludwig-Jahn-Sr. 19, 03044 Cottbus
Tel. 0355/78 09 70, Fax: 0355/78 09 73 51

Deutsche Rheuma-Liga Sachsen e.V.
Nikolaistr. 38/45, 04109 Leipzig
Tel. 0341/1 21 21 46/47, Fax 0341/1 21 21 03

Deutsche Rheuma-Liga Sachsen-Anhalt e.V.
Wolfgang-Borchert-Str. 75-77, 06126 Halle
Tel. u. Fax 0345/ 6 95 15 15

Deutsche Rheuma-Liga Thüringen e.V.
Am Eichberg, 07407 Etzelbach
Tel. 036742/ 6 52 50 oder 6 52 51oder 6 52 52
Fax 036742/ 6 52 55

Deutsche Rheuma-Liga Berlin e.V.
Am Kleinen Wannsee 5, 14109 Berlin
Tel. 030/8 05 40 16, Fax 030/8 05 62 93

Deutsche Rheuma-Liga, Mecklenburg-Vorpommern e.V.
„Gemeinsames Haus" Rostock
Henrik-Ibsen-Str. 20, 18106 Rostock
Tel. 0381/7 69 68 07, Fax 03 81/7 69 68 08

Deutsche Rheuma-Liga Hamburg e.V.
Friedrichsberger Str. 60, Hs. 21, 22081 Hamburg
Tel. 040/200 51 70, Fax 040/200 50 10

Deutsche Rheuma-Liga Schleswig-Holstein e.V.
Melanchthonstr. 31, 24114 Kiel
Tel. 0431/6 17 77, Fax 0431/67 19 77

Deutsche Rheuma-Liga Bremen e.V.
Bgm.-Smidt-Str. 95, 28195 Bremen
Tel. 0421/1 76 14 29, Fax 0421/1 76 17 17

Rheuma-Liga Niedersachsen e.V.
Kurt-Schumacher-Str. 14, 30159 Hannover
Tel. 0511/1 33 74, Fax 0511/1 59 84

Deutsche Rheuma-Liga Nordrhein-Westfalen e.V.
Haroldstr. 18, 40213 Düsseldorf
Tel. 0211/13 84 60, Fax 0211/1 38 46 24

Deutsche Rheuma-Liga Rheinland-Pfalz e.V.
Kurhausstr. 5, 55543 Bad Kreuznach
Tel. 0671/ 3 53 80, Fax 0671/4 50 62

Deutsche Rheuma-Liga Hessen e.V.
Hegarstr. 12, 60529 Frankfurt/M.
Tel. 069/35 74 14, Fax 069/35 35 35 23

Deutsche Rheuma-Liga Saar e.V.
Schmollerstr. 2b, 66111 Saarbrücken
Tel. 0681/3 32 71, Fax 0681/13 32 84

Rheuma-Liga Baden-Württemberg e.V.
Kaiserstr. 16, 76646 Bruchsal
Tel. 07251/8 30 39, Fax 07251/ 8 33 60

Deutsche Rheuma-Liga Bayern e.V.
St.-Paul-Str. 9/III, 80336 München
Tel. 089/53 03 89, Fax 089/53 73 99

Nachfolgend finden Sie die Adressen der Arbeitsgemeinschaft Regionaler kooperativer Rheumazentren in der Deutschen Gesellschaft für Rheumatologie e. V. (DGRh). Hier stehen modernste Techniken zur Verfügung, um rheumatische Erkrankungen frühzeitig zu diagnostizieren und zu behandeln. In diesen Einrichtungen arbeiten Ärzte eng mit Physio- und Ergotherapeuten zusammen. Die Anschriften sind ebenfalls nach Postleitzahlen geordnet.

Hauptgeschäftsstelle:

Arbeitsgemeinschaft
Kooperativer Regionaler Rheumazentren
Prof. Dr. H. Zeidler (Sprecher), Hr. Meznerits (Koordination)
Fr. Meier (Sekretariat), Tel. u. Fax 0511/5 32 64 74

Regionale Rheumazentren:

Technische Universität Dresden
Universitätsklinikum Carl Gustav Carus

Prof. Dr. med. H.-E. Schröder
Med. Klinik III und Med. Poliklinik
Fetscherstr. 74, 01307 Dresden
Tel. (0351) 458 31 00 (Sekretariat/Koord. Fr. Dr. Jabs)
Fax (0351) 458 43 18

Rheumazentrum am Universitätsklinikum Leipzig e.V.

Prof. Dr. med. habil. H. Häntzschel
Med. Klinik und Poliklinik IV
Härtelstraße 16/18, 04107 Leipzig
Tel. (0341) 9 72 49 30 (Sekretariat/Koord. Dr. K. Boche)
Fax (0341) 9 72 49 39

Rheumazentrum Jena e.V.

am Klinikum der Friedrich-Schiller-Universität
Priv.-Doz. Dr. med. G. Hein
Klinik für Innere Medizin IV,
Abt. Rheumatologie
Erlanger Allee 101, 07740 Jena
Tel. (03641) 63 96 28 (Koord. Dr. rer. nat. J. Steinert)
Fax (03641) 33 48 59/63 92 69

Regionales Rheumazentrum Berlin e.V.

Priv.-Doz. Dr. med. J. Sieper
am Klinikum Benjamin Franklin der FU Berlin
Hindenburgdamm 30, 12200 Berlin
Tel. (030) 84 45 41 49 (Koord. Dr. U. Eggens)
Fax (030) 8 34 92 53

Regionales Rheumazentrum Greifswald e.V.

Prof. Dr. D. Köster,
Klinik für Orthopädie /
Klinik der Ernst-Moritz-Arndt-Universität
Sauerbruchstraße, 17487 Greifswald
Tel. (03834) 86 70 51 (Koord. Dr. rer. nat. S. Jilg)
Fax (03834) 86 70 52

Rheumazentrum Rostock

Prof. Dr. med. M. Keysser
Abteilung Rheumatologie,
Klinikum Rostock-Südstadt
Südring 81, 18059 Rostock
Tel. (0381) 4 40 12 03 (Sekr. Klinik f. Innere Medizin)
Fax (0381) 4 40 12 06

Rheumazentrum Kiel/Damp/Rendsburg

Prof. Dr. med. H. H. Euler, 2. Med. Klinik u. Poliklinik
der Christian-Albrechts-Universität (CAU) Kiel
Chemnitzstraße 33, 24116 Kiel
Tel. (0431) 16 97 852 (Koord. Dr. K. Schwab)
Fax (0431) 13 92 6

Regionales Rheumazentrum an der MedizinischenUniversität Lübeck und der Rheumaklinik Bad Bramstedt

Prof. Dr. med. W. L. Gross/Rheumaklinik
Oskar-Alexander-Str. 26, 24572 Bad Bramstedt
Tel. (0451) 5 00 23 68 (Sekretariat/Koord. Fr. Dr. Chr. Richter)
Fax (0451) 5 00 36 50 (Sekretariat Lübeck)
Tel. (04192) 90 25 76 (Sekretariat Bad Bramstedt)
Fax (04192) 90 23 89 (Sekretariat Bad Bramstedt)

Regionales kooperatives Rheumazentrum Hannover e. V.
Prof. Dr. med. H. Zeidler
Medizinische Hochschule Hannover (Abt. Rheumatologie)
Carl-Neuberg-Str. 1, 30625 Hannover
Tel. (0511) 5 32 90 58 (Koord. OA Dr. J. L. Hülsemann)
Fax (0511) 58 41

Ev. Johannes-Krankenhaus Bielefeld
Medizinische Klinik, Prof. Dr. med. H. Mielke
Schildescher Str. 99, 33611 Bielefeld
Tel. (0521) 8 01 43 50, Fax (0521) 8 01 48 10

Rheumazentrum Magdeburg /Vogelsang e. V.
Prof. Dr. med. J. Kekow, 39245 Vogelsang-Gommern
Tel. (039200) 6 73 14 (Koord. Fr. Dr. M. Kekow)
Fax (039200) 6 73 14 (Sekretariat)

Kooperatives Rheumazentrum Düsseldorf
Heinrich-Heine-Universität, MNR-Klinik
Düsselorf-Ratingen-Emmerich-Meerbusch-Wuppertal
Dr. med. Chr. Specker, Moorenstraße 5, 40225 Düsseldorf
Tel. (0211) 811 78 17 (Sekretariat/Koord. Fr. Dr. J. Richter)
Fax (0211) 811 64 55

Rheumazentrum Westliches Ruhrgebiet e. V.
Prof. Dr. H. Warnatz, Kath. Krankenhaus St. Josef
Propsteistraße 2, 45239 Essen
Tel. (0201) 84 08 305 (Koord. OA Dr. med. Hendriks)
Fax (0201) 84 08 883

Kooperatives Rheumazentrum Münster e.V.
Münster-Sendenhorst-Bad Bentheim
Prof. Dr. med. Dr. h. c. W. Domschke

Med. Klinik und Poliklinik B der Westf.
Wilhelms-Universität Münster
Domagkstraße 3, 48149 Münster
Tel. (0251) 835 75 62 (Koord. Dr. med. M. Gaubitz)
Fax (0251) 835 64 29

Rheumazentrum Aachen

Prof. Dr. E. Genth, Abt. Rheumatologie
Burtscheider Markt 24, 52066 Aachen
Tel. (0241) 60 96 42 01, Fax (0241) 60 96 19 63

Landesarbeitsgemeinschaft Rheumatologie und kooperatives Rheumazentrum Rheinland-Pfalz e. V.

Prof. Dr. med. R. Dreher, Klinik für Rheumakranke
Dr. Alfons-Gamp-Str. 1-5, 55543 Bad Kreuznach
Tel. (0671) 93 22 71 (Koord. Fr. Dr. med. M. Humm)
Fax (0671) 93 29 90

Rheumazentrum Rhein-Main e.V.

Frankfurt-Schlangenbad-Wiesbaden
Prof. Dr. med. J. P. Kaltwasser, Med. Klinik III,
Bereich Rheumatologie
Klinikum der J. W. Goethe-Universität
Theodor-Stern-Kai 7, 60590 Frankfurt/Main
Tel. (069) 67 05 390 (Fr. Haas, Geschäftstelle)
Fax (069) 67 05 393

Universitäres Rheumazentrum Gießen/Bad Nauheim

Prof. Dr. K. L. Schmidt,
Klinik für Rheumatologie
Ludwigstraße 37-39, , 61231 Bad Nauheim
Tel. (06032) 80 81 83 (Koord. Priv.-Doz. Dr. G. Neeck)
Fax (06032) 80 81 80

Rheumazentrum Saarland
Prof. Dr. med. M. Pfreundschuh
c/o Medizinische Universitätsklinik
166421 Homburg/Saar
Tel. (06841) 16 30 02 (Sekretariat/ Koord. Dr. B. Koch)
Fax (06841) 16 31 01

Rheumazentrum Heidelberg e. V.
OA Dr. med. Ulrich Schneider
Stiftung Orthop. Universitätsklinik
Schlierbacher Landstraße 200a, 69118 Heidelberg
Tel. (06221) 96 9206 (Koord. G. I. Marsi M.A.)
Fax (06221) 96 9208

Regionales Rheumazentrum Südbaden
Prof. Dr. med. H. H. Peter
Abt. Rheumatologie und Klinische Immunologie
am Klinikum der Albert-Ludwigs-Universität
Hugstetter Str. 55, 79106 Freiburg
(Sekretariat/ Koord. Dr. J. von Kempis)
Tel. (0761) 270 34 48 oder 270 36 95
Fax (0761) 270 35 31

Rheumazentrum München e. V.
Prof. Dr. med. M. Schattenkirchner
Rheumaeinheit der LMU München
Pettenkoferstr. 8a, 80336 München
(Sekretariat/Koord. OA Priv.-Doz. Dr. K. Krüger)
Tel. (089) 51 60 35 68/78/79
Fax (089) 59 24 46

Rheumazentrum Südwürttemberg

Kooperatives Rheumazentrum
Bad Buchau/Tübingen
Dr. med. R. Maleitzke
Federseeklinik, 88419 Bad Buchau
Tel. (07582) 8 00 14 75, Fax (07582) 8 00 13 68

Rheumazentrum Erlangen

Prof. Dr. G. Weseloh,
Orthopädische Uniklinik St. Marien
Rathsberger Straße 57, 91054 Erlangen
(Sekr./Koord. Dr. med. F. Rössler)
Tel. (09131) 82 23 05
Fax (09131) 82 23 40

Rheumazentrum Regensburg/Bad Abbach

am Klinikum der Universität
Prof. Dr. med. B. Lang, Innere Medizin 1
Franz-Josef-Strauß-Allee 11, 93053 Regensburg
Tel. (0941) 944 70 17, Fax (0941) 944 70 19
Fax (09405) 182970 (Sekr. Fr. König, Bad Abbach)

Ja, bitte senden Sie mir/uns das/die auf der Rückseite angekreuzte/n Produkt/e.

- ◯ Ich bezahle bar mit Scheck (Karte bitte mit Scheck in ein Kuvert)
- ◯ Ich zahle bei Rechnungserhalt innerhalb von 10 Tagen

In eiligen Fällen **Fax - Nr. 089 / 38 38 39 10**

(Bitte Vor- und Rückseite der Karte faxen)

Name/Vorname

Staße/Hausnummer

PLZ/Ort

Bitte ausreichend frankieren

Antwort

Long Life AG

Reisingerstr. 5

80337 München